Zeichnen – mein Hobby

freizeit
ht

Gar oft erfreut das Fräulein sich
An Kunos kühnem Kohlenstrich,
Obgleich ihr eigentlich nicht klar,
Wie auch dem Künstler, was es war.
Wilhelm Busch

Zeichnen - mein Hobby

Von Bodo W. Jaxtheimer

Humboldt-Taschenbuchverlag

humboldt-taschenbuch 268

Umschlagbild: Bodo W. Jaxtheimer
140 Abbildungen

Inhalt

Zeichnen...

Das Verbum zeichnen hängt ursprünglich mit dem Wort »Zeichen« zusammen, unter dem eine bildhaft vereinfachte Darstellung eines Begriffes oder Gegenstandes verstanden wird, die bis zum abstrakten Symbol gehen kann. Zwar handelt es sich bei Zeichnungen durchwegs um wesentlich detailliertere Schilderungen von Gegenständen, Vorgängen, Ideen, doch zwingen die zeichnerischen Mittel von vornherein zu einer gewissen Umsetzung oder Abstraktion natürlicher Bildeindrücke.

Der Zeichner geht vornehmlich von Umrissen aus und setzt sie als mehr oder weniger breite Linien auf die Fläche. In natura gibt es derartige Linien gar nicht, wir empfinden lediglich Grenzen zwischen verschiedenen Farben, Tonwerten und Materialbeschaffenheiten. Diese Dinge werden beim Zeichnen oft gar nicht geschildert oder nur vereinfacht, stilisiert, schematisch dargestellt. Reizt den Zeichner beispielsweise die Farbe, so wählt er entweder nur eine einzige – etwa anstelle von Schwarz –, oder er beschränkt sich auf wenige Grundtöne, die er glattflächig und scharf abgegrenzt nebeneinander setzt.

Anders der Maler: Er läßt die Farben unmerklich ineinander übergehen, wandelt sie in unzähligen Tonwerten ab und setzt farbige Lichtreflexe und Schatten hinein, um Formen plastisch herauszuarbeiten. Auf diese Weise kann, wenn es beabsichtigt wird, ein völlig naturgetreues Abbild der Umwelt entstehen, wie es der Zeichner niemals zu geben vermag.

Allmählich schien jedoch einer ordnenden Kunstbetrachtung der Begriff Zeichnung zu eng und einseitig als Abgrenzung gegenüber der Malerei. Infolgedessen bürgerte sich im 19. Jahrhundert das Wort »Grafik« für alle nicht malerisch behandelten Bildwerke ein. Es ist hergeleitet vom griechischen Adjektiv »graphikos« und läßt sich am treffendsten mit »Geschriebenes« verdeutschen. Tatsächlich entstanden Schriftzeichen ursprünglich als weitestgehende Abstraktionen gegenständlicher Darstellungen, dann wurden teilweise Symbole für nichtgegenständliche Begriffe daraus, bis man zur Silben- und schließlich zur Buchstabenschrift gelangte.

Der Begriff Grafik sollte also eine klare Unterscheidung gegenüber der Malerei ermöglichen, weil er sinngemäß eine mehr oder weniger abstrahierte, »von der Natur abgezogene« Darstellung charakterisiert. Zur Grafik rechnen deshalb neben der »Handzeichnung« eine große Anzahl weiterer Bildgattungen, so die Wand-, Buch-, Druck- und Gebrauchsgrafik. Ferner gehören das Mosaik, das Bildfenster (»Glasmalerei«!), der Bildteppich, das Sgraffito dazu.

Indessen bemüht sich die »zuständige« Geschichtsschreibung noch immer nicht sonderlich um diese unmißverständliche Terminologie der modernen Praxis. Lassen Sie sich also nicht verwirren, wenn Archäologen und Kunsthistoriker (unter anderem!) Höhlenbilder der Vorzeit oder frühägyptische Arbeiten auf den Mauern von Totenpalästen als »polychrome Wandmalereien« bezeichnen. Für beides wäre »Wandgrafik« die einzig fachgerechte Charakterisierung. Meist ist auch im Volksmund von Malen und Gemälde die Rede, wenn es Zeichnen und Grafik heißen müßte.

Wenig sinnvoll ist auch der von Kunstgelehrten und Sammlern geprägte Begriff »Handzeichnung«, wenn auch kaum mißverstanden wird, was gemeint ist: Die einmalige, unmittelbar aus der Hand des Künstlers stammende Grafik auf Pergament, Papier oder – vornehmlich bei den Ostasiaten – auf Seide. Nicht wenige Leute meinen überdies, es handle sich nur dann um eine Zeichnung, wenn sich das Bild lediglich aus Strichen zusammensetzt, die von Stiften oder aus der Feder stammen, daß aber im Zusammenhang mit dem Gebrauch des Pinsels nur von Malerei die Rede sein könne. Das ist natürlich Unsinn. Mit geeigneten Pinseln läßt sich ganz ausgezeichnet grafisch arbeiten, feinste wie stärkste Linien sind in einem Zug möglich und haben dann weit mehr Ausdruckskraft als beispielsweise Federstriche.

Ein Gegenbeispiel zur laienhaften Meinung gibt das Pastell: Es ist fast immer als absolute Malerei anzusehen, obwohl es aus Strichlagen entsteht. Zwar werden sie zuweilen flächig verwischt, doch ändert das nichts am ursprünglichen Vorgang.

Will man einzelne Grafiken genauer charakterisieren, so wird – ähnlich wie bei der Malerei – das Material, das Instrument oder Verfahren genannt, mit dem sie entstanden. Unter anderem spricht man von Rötel-, Pinsel- oder Silberstiftzeichnungen, bei Druckgrafiken von der Radierung, dem Kupferstich, dem Holzschnitt.

Bei der Handzeichnung, um die es in den nächstfolgenden Erörterungen hauptsächlich geht, fixieren Linienumrisse zunächst nur Formsilhouetten. Diese verdeutlichen aber oft nicht ohne weiteres, welche der umrissenen Flächen Substanz, welche leerer

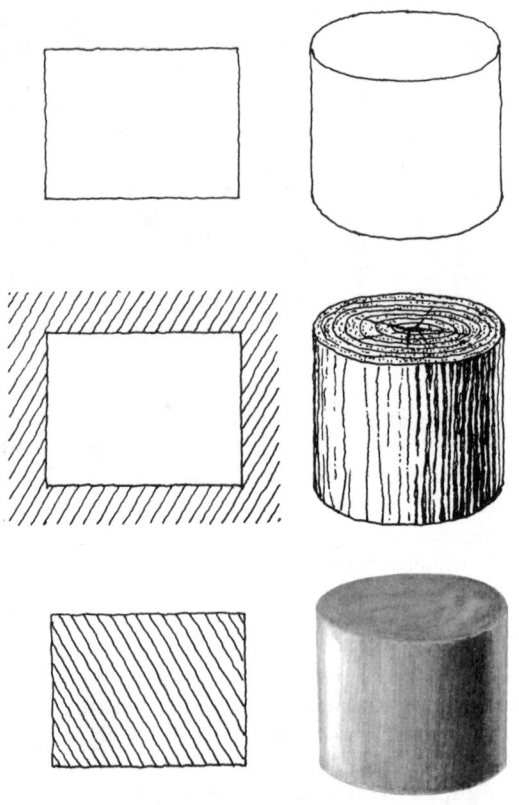

Linke Reihe, oben: das Rechteck kann Öffnung, Fläche oder die Frontalansicht eines Quaders oder Rundkörpers bedeuten. Mitte: eindeutig eine Öffnung. Unten: eindeutig eine Fläche.
Rechte Reihe, oben: Rohrstück oder massiver Rundkörper.
Mitte: die Holzstruktur verdeutlicht, daß es sich um einen Stammabschnitt handelt. Unten: Rundkörper aus unbestimmtem Material.

Raum bedeuten sollen. Einfaches Ausfüllen der entsprechenden Flächen könnte solche Zweifel zwar beseitigen, es ließe aber offen, welche Art von Materie gemeint ist. Davon kann sich der Betrachter erst ein Bild machen, wenn die Flächen bestimmte, die Materie charakterisierende Strukturen erhalten. Werden sie entsprechend den Licht- und Schattenwirkungen verlaufend vorgetragen, so kommt gleichzeitig die Plastik der Formen greifbarer zum Ausdruck. Das ist allerdings auch der Fall bei strukturlosen, im Ton verlaufenden Pinsel- oder gewischten Stiftaufträgen. Unter Umständen werden dann ausdrückliche Konturen überflüssig. Die Darstellung nähert sich der Wirkung schwarzweißer oder einfarbig getönter Fotos und damit manchmal einer Naturalistik, die grafischer Auffassung bereits zuwiderläuft. Kommen noch Farben in Hell-dunkel-Abstufungen hinzu, so rückt die Grenze zur Malerei bedenklich nahe, bedenklich, weil zwitterhafte Wirkungen meist unerfreulich sind.

Damit die folgenden Anregungen zu praktischen Versuchen nicht mißverstanden werden, bedenken Sie, daß die künstlerische Grafik nicht Beginn, sondern fernes Ziel ist. **Sehen Sie also die hier wiedergegebenen Darstellungen nicht als künstlerische, sondern ausschließlich als handwerkliche Beispiele an.**

Zunächst geht es um das zeichnerische Studium der Form, deren Beherrschung steht am Anfang aller bildenden Kunst. Ohne intensive Übung ist solches Können nicht zu erlangen, üben aber können Sie nur durch Vergleich mit dem, was Sie unmittelbar sehen. Formstudium ist also gleichbedeutend mit Abzeichnen, je genauer, desto besser. Zwangsläufig entstehen dabei naturalistische Abbilder, und es soll Sie nicht irritieren, wenn diese einfarbigen Fotos nahekommen – es wäre vielmehr ein Beweis, daß Sie kein Stümper mehr sind! Den eigentlichen Sinn solcher Bemühung erweist das wachsende Repertoire an Standardformen, die Sie ständig parat haben und die Ihnen helfen, auch solche Formgebilde sicher zu Papier zu bringen, die Sie nur visionär sehen. Mit den Übungen wächst zugleich die manuelle Geschicklichkeit und Sicherheit, die Ihnen nicht nur beim Zeichnen, sondern auch bei jeder anderen Gattung der bildenden Kunst, der Technik und im täglichen Leben zugute kommt.

Zeichenmaterial

Bevor Sie zu zeichnen beginnen, sind zwei Grundüberlegungen notwendig: wird die beabsichtigte Darstellung durch harte, klare Linien ausreichend verständlich, beziehungsweise: ist es wünschenswert, nur damit auszukommen – oder ist eine der vielen Techniken mit weniger einfachen Mitteln eher angebracht? Zweitens ist zu prüfen, welches Material am besten geeignet ist: reicht ein einziges aus, oder sind mehrere Arten notwendig und welche passen zusammen? Beispielsweise gehen schwarze Tuschfederstriche mit verlaufendem, mit dem Pinsel aufgetragenem Aquarellschwarz immer gut zusammen, kaum jedoch mit schraffierten oder gar verwischten Grauwerten des Bleistifts. Eine Harmonie ergibt sich ohne weiteres, wenn ein einziges Material auf zweierlei Weise anwendbar ist – wie etwa verwaschbare Zeichentinte: mit der Feder entstehen volltonige Striche, mit dem sie anlösenden Wasserpinsel fein differenzierbare Halbtöne.

Zur rechten Entscheidung für das jeweils anzuwendende Verfahren gelangen Sie erst, wenn Sie das Material und seine spezifischen Eigenschaften genau kennen. Die folgenden Beschreibungen können lediglich Hinweise geben. Was wirklich erreichbar ist und was Ihnen besonders liegt, erfahren Sie jedoch nur durch eigene praktische Versuche.

Bleistifte

Das meistbenutzte Zeichen- und Schreibgerät war bis Mitte unseres Jahrhunderts der Bleistift. Für künstlerische Darstellungen wird er wohl nie an Bedeutung verlieren, ähnliches gab es schon im Altertum, und noch lange Zeit danach war das abfärbende Material wirklich Blei. Etwa seit Ende des 16. Jahrhunderts enthielt die später in Holz gefaßte »Pleyfeder« kein Metall mehr, sondern lediglich den kristallinen Kohlenstoff Graphit, vermengt mit Tonerde. Sie bestimmt den Härtegrad der Zeichenminen – je mehr, um so härter –, die Sie wohl nur noch ungefaßt kaufen und in Druckstifte einführen. Es gibt 15 oder 20 Stufen: »H« kennzeichnet die harten, hell- bis mittelgrau abfärbenden Sorten, »B« die weichen, entsprechend dunkleren Tonstufen. Die Minen ab »3B« sind etwas stärker und verlangen einen dickeren Druckstift, der auch die verschiedenen »Kreide«-Minen aufnehmen kann. Holzgefaßte, mühsam anzuspitzende und ewig abbrechende Stifte dürften bereits museumsreif sein.

Universal-Druckstift für dicke und dünne Minen.

Noch Anfang unseres Jahrhunderts gehörte es zu den Diplomaufgaben der Akademien, »Baumschläge« (perspektivisch gestaffelte Baumgruppen) in etwa 10 Blei-Härtegraden penibel durchzuzeichnen, und wenn auch bald noch so sehr darüber gelästert wurde – es waren zuweilen außerordentlich reizvolle Leistungen darunter. Es lohnt sich, ähnliche Versuche zu wagen, wenn jemand den Arbeitsvorgang mit der Entstehung subtilster Grauwerte und Feinheiten zu genießen vermag. Für flotte, großformatige Skizzen und Studien gibt es zentimeterdicke, ungefaßte Graphitstifte, mit denen sich bequem Tonflächen vom zartesten Grau bis zu metallisch schimmernder Schwärze anlegen lassen.

Eine gewisse Gefahr bedeutet »Blei« insofern, weil es den Anfänger verführt, mit den Fingerspitzen oder eigens dafür hergestellten Papp-, Kork- oder Waschledergriffeln zu wischen. Allenfalls ist das etwas für große Könner, der Anfänger fabriziert bei solchem Verfahren mit allen »Weichzeichnern« (dazu gehören auch Kohle, Kreiden und Pastell) fast regelmäßig großartigen Kitsch. Ebenso riskant ist in Verbindung mit Blei die Anwendung von Radiermitteln.

Kohle

Zeichenkohle aus unter Luftabschluß erhitztem Holz ist das wohl älteste Stiftmaterial überhaupt. Gelegentlich haben es bereits Höhlenzeichner in vorgeschichtlicher Zeit verwendet. Zeichnen

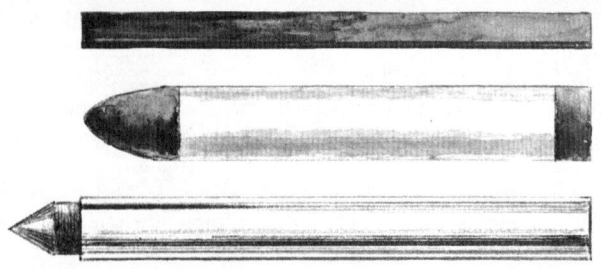

Oben: Kreide mit quadratischem Querschnitt (Schwarz, Rötel oder Sepia). Mitte: üblicher Pastell- oder Ölpastellstift. Unten: »Wachsmalstift« in verschiebbarer Kunststoffhülle.

läßt sich damit auf billigem, faserigem Papier beinahe besser als auf wertvollem, glattem. Darum ist Kohle seit eh und je das häufigste Studienmaterial an sämtlichen Kunstschulen. Sie ergibt jedoch so unpräzise Striche, daß zum Beispiel die eingehende Durcharbeitung komplizierterer Formen nur schwer gelingt. Eigentlich gehört Kohle also eher in die Hand des Könners, der damit höchst reizvolle, tonig-malerische Wirkungen erzielt. Präzisere Striche kommen mit den aus reinem Kohlenstoff und etwas Bindemittel gepreßten Stiften zustande sowie mit den ebenso hergestellten schwarzen Druckstift-Minen. Sie alle werden in jeweils drei Härtegraden geliefert. Probieren Sie selbst aus, was Ihnen am meisten liegt: »Sibirische Reißkohle«, »Pittkreide« oder Minen, die, in Druckstifte eingeführt, besonders bequem und sauber zu gebrauchen sind.

Weiße und farbige Weichzeichner

Ursprünglich bestanden weiße Stifte aus natürlicher, entsprechend zurechtgeschnittener Kreide, vornehmlich aus der Champagne in Ostfrankreich. Da Kreide aber durch Übersprühen mit harzigen Bindemitteln (wie es die üblichen Fixative sind) stark nachdunkelt, beziehungsweise transparent wird, preßt man weiße Stifte und Druckstiftminen heute meist aus dem Pigment Lithopone (Barytweiß, blanc fixe). Der Leimgehalt bestimmt die Festigkeitsgrade »hart«, »mittel« und »weich«, diese sind bei allen Kreiden üblich. Die Bezeichnung »Kreide« hat sich unsinnigerweise für sämtliche aus Pigmentpulver hergestellten Stifte eingebürgert, selbst für schwarze.

12

Als klassischer farbiger Zeichenstift gilt zumindest seit Leonardo da Vinci »Rötel«. Das ist nichts anderes als natürlicher Rotocker, und die feurigsten Sorten bestehen aus fast reinem Eisenoxid. Zu haben ist Rötel sowohl als dicker, ungefaßter Stift wie als Druckstiftmine. Andersfarbige, lediglich zum Zeichnen gedachte Stifte gibt es nicht, man muß dann zu Pastellkreiden greifen.

Von Zeichnen kann in Verbindung mit Parallelstiften eigentlich nur dann die Rede sein, wenn Sie lediglich eine einzige Farbe verwenden. Mit mehreren geraten Sie rasch ins Malen, ganz gleich, ob Sie nun lediglich in Strichlagen oder auch mit gewischten Aufträgen arbeiten.

Die leichte Verwischbarkeit und das darum notwendige Fixieren von Pastellaufträgen hat seit geraumer Zeit die Farbenfabriken veranlaßt, mit Öl oder wachsähnlichen Substanzen gebundene Stifte herzustellen, deren Aufträge ohne Nachbehandlung auf Papier haftenbleiben. Leider sind die meisten Erzeugnisse dieser Art farblich immer noch so primitiv, daß sie allenfalls für grobe oder kindliche Darstellungen in Betracht kommen. Immerhin – als bequeme, weiche Zeichenstifte sind sie recht brauchbar, wenn man sich mit den schwarzen, grauen, braunen und den Rötel-Tönen begnügt.

Filz- und Kugelschreiber

Zum täglichen Schreiben sind Bleistift, Feder und Tinte in den letzten Jahrzehnten zunehmend von Kugel- und Filzschreibern verdrängt worden. Zum Zeichnen eignen sich offenbar nur die schwarzen, scheck- oder dokumentenechten Stifte. Die farbigen sind zu grell und – wahrscheinlich – auch nicht lichtbeständig. Von den Kugelschreibern liegen nach meiner Erfahrung solche am besten in der Hand, die wie holzgefaßte Bleistifte aussehen und die man bereits wegwirft, wenn sie zu dreiviertel leer sind – danach fangen alle Kugelschreiber an zu schmieren und zu klecksen. Unter diesen Stiften gibt es besonders gute Sorten mit Hinweisen zur Strichstärke. »Feinstrich« erzeugt bei entsprechendem Druck sehr dünne, glatte und tiefschwarze Schnurzüge. Sehr leicht und locker über etwas rauhes Papier geführt, erlaubt er spinnwebfeine, poröse Striche, die denen eines harten Bleistifts ähneln. Es gibt nichts Idealeres zum Beispiel für Reiseskizzen, womöglich in Verbindung mit Filzschreibern: beide haben den Vorteil, meist schon nach wenigen Minuten wisch- und wasserfest aufzutrocknen (die abfärbende Substanz ist dickflüssig).

Bei Filzschreibern muß man sich allerdings vergewissern, ob sie wirklich wasserfest auftrocknen, manche tun das erst nach Stunden oder nie! Andere wieder (»soft«) sind so dünnflüssig und intensiv, daß sie schwächeres Papier ganz durchdringen und ein darunterliegendes Blatt verklecksen, zum Beispiel bei Skizzenblöcken. Ferner gibt es breite, in Fläschchen eingelassene Filze, mit denen sich rasch große Flächen anlegen lassen. Da alle Filze bald ausfasern und breiter werden, ist auf gleichbleibende Strichstärke kein Verlaß, zudem läßt die Tiefe nach, und es entstehen weiche, graue Aufträge. Es können dann Wirkungen zustande kommen, die Kohlezeichnungen zum Verwechseln ähnlich, aber völlig wischfest sind. Allerdings gibt es keinerlei Korrekturmöglichkeit.

Federn und Tuschen

Nur genießerische Spezialisten der Federzeichnung werden heutzutage noch Gänse-, Raben- oder Truthahnkiele zurechtschneiden, um beim Zeichnen subtile Wirkungen herauszuholen, die sich mit modernen Stahlfedern tatsächlich kaum erreichen lassen. Diese sind in Hunderten von Arten zu haben und verdanken ihre Sammelbezeichnung der Vogelfeder. Wenn Sie sich auf Federzeichnungen spezialisieren wollen, werden Sie so ziemlich das ganze Sortiment durchprobieren müssen (nicht zuletzt gewöhnliche Schreib- und Stenofedern), ehe Sie herausfinden, was Ihnen besonders liegt. Wenn Sie überdies jede der Federn in anderer als üblicher Haltung benutzen (zum Beispiel um 180 Grad gedreht), entdecken Sie weitere Strichmöglichkeiten.
Die besondere Eigenart der Zeichenfeder besteht darin, daß sie in jeweils bestimmten Grenzen verschiedene an- und abschwellende Strichstärken erlaubt: mit weichen sind größere Unterschiede zu erreichen als mit harten. Schnurzüge, also gleichbleibende Strichstärken, für die zum Beispiel »Redis-Federn« entwickelt wurden, sind zum Zeichnen eigentlich ungeeignet – der gleichbleibende Strich wird gemeinhin als »charakterlos« empfunden. Doch was sollen hier Vorschriften! Überzeugend ist schließlich immer nur das Resultat. Im übrigen setzt sich eine Federzeichnung stets aus präzisen Strichen zusammen. Tonverläufe gibt es bei ihnen nicht, es sei denn durch nachträgliches »Lavieren« wasserlöslicher Tinten.
Ein anderer, auch heutzutage noch gern benutzter Vorläufer der stählernen Feder ist das Schilfrohr. Sie können es selbst

zurechtschneiden aus hiesigen Arten, weit besser sind die gebrauchsfertig zugeschnittenen aus Ostasien. Die Verschiedenheit der Strichstärken wird bei Rohrfedern nicht so sehr durch unterschiedlichen Druck, sondern mehr durch entsprechende Drehung erreicht. Die Arbeit damit ist ziemlich mühsam: entweder gibt's beim Ungeübten Kleckse, wenn zuviel Tusche haftet – oder der Strich ist allzu rasch zu Ende, weil sie verbraucht ist. Die Rohrfeder ist ebenfalls etwas für den Liebhaber, der, zum Könner geworden, ähnlich wie der Vogelfeder-Spezialist nur noch ein geringschätziges Lächeln hat für den, der stählerne Pegasusse reitet. Unter anderen hat van Gogh vornehmlich mit Rohrfedern gezeichnet.

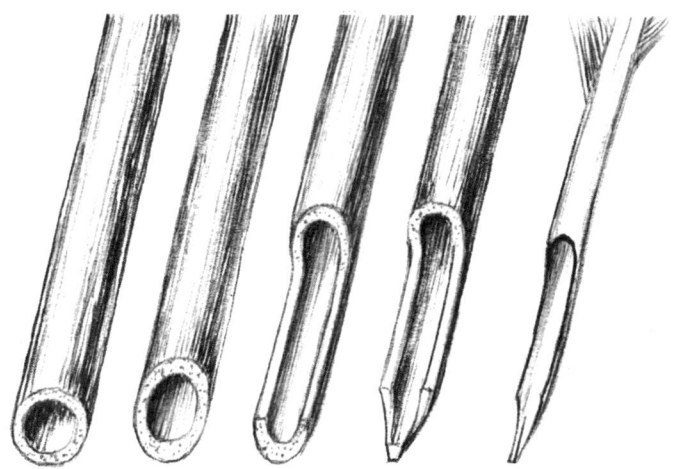

Von links: Phasen beim Zuschnitt einer Rohrfeder. Ganz rechts: Kielfeder.

Es gibt schließlich auch Spezial-Tuschefüller verschiedenster Art, im großen und ganzen haben sie sich jedoch nur beim technischen Zeichnen bewährt.

Eintunken kann man Federn jeglicher Art in dünnflüssige Farbsubstanzen, zum Beispiel auch in Aquarellfarben. Am bequemsten sind Auszieh- oder Perltusche und das Scribtol (ein Markenname). Beide Arten bestehen aus feinstem Ruß, der mit einer Schellackseife gebunden wird und deshalb wasser- und radierfest auftrocknet. Beim dünnflüssigen Scribtol wird dieser Zustand erst nach etwa einer Stunde erreicht. Die schwarzen Tuschen sind aufgrund ihres Gehalts an reinem Kohlenstoff auch absolut lichtbeständig, was man von farbigen Tuschen nicht zuverlässig behaupten kann.

Für Spezialisten und Kenner gibt es noch echte chinesische Stangentuschen in fester Form. Die Meister der alten ostasiatischen Grafik haben sie auf unnachahmlich subtile Weise verwendet, ihr Schreib- und Zeichengerät war allerdings ausschließlich der Pinsel. Die gepreßten, harten Stangen bestehen aus Kampferölruß, gebunden mit etwas Leim. Sie müssen recht mühsam mit Wasser angerieben werden. Es gibt dafür gläserne Reibschalen, und beides ist in größeren Fachgeschäften zu haben. Doch, wie gesagt, das Ganze ist etwas für jemanden, der es auf irgendeine Weise den berühmten alten Meistern Ostasiens nachtun will. Daß es sich lohnt und eine Lücke in unserer oft allzu primitiv gewordenen Grafik füllen würde, ist keine Frage. Übrigens geht die bei uns völlig willkürliche Bezeichnung »Perltusche« auf die Gepflogenheit einstiger chinesischer Tuschehersteller zurück, in die kostbaren Stangen eine echte Perle als Wertmerkmal einzuschließen. Die Stangen mit Blattgoldprägung wurden zum Sammlerobjekt – es gibt welche, die tausend Jahre alt sein sollen . . .

Mit Wasser angeriebene Stangentusche wird nach dem Auftrocknen praktisch wasserunlöslich, weil sie von kolloidaler Feinheit ist und die winzigen Rußpartikel sich quasi in den Papierporen verklemmen. Einen nur den Kenner unbefriedigenden, dem Anfänger jedoch sehr empfehlenswerten Ersatz bieten Aufträge mit feinem Aquarellschwarz. Daß sie wasserlöslich bleiben, ist meist belanglos. Die Verwendung von verdünnter, wasserunlöslich auftrocknender Perltusche ist kaum anzuraten, weil die bindende Schellackseife wertvolle Haarpinsel verdirbt. Sie werden davon spröde und struppig. Bis zu gewissem Grade trifft das auch für schwarze Zeichentinten zu, die wasserlöslich bleiben. Nach Beendigung der Federzeichnung lassen sich die Striche mit dem lediglich in Wasser getauchten Pinsel »lavieren«, das heißt, zu feinen Hell-Dunkel-Tönen sehr reizvoll verwaschen.

Silberstift

Seit der römischen Antike war der Silberstift mehr als 1000 Jahre lang das einzige Zeichen- und Schreibgerät für feine, gestochen scharfe Linien. Mit geringem Druck enstehen zarte, skizzierende Striche, bei stärkerem Druck werden sie kräftiger und dunkler. Tonflächen sind lediglich durch Schraffuren zu erreichen, die gegebenenfalls der Rundungsperspektive angepaßt werden. Die Vortragsweise hat große Ähnlichkeit mit der des Kupferstichs.

Heutzutage ist der Silberstift nur noch etwas für Spezialisten. Er eignet sich vor allem für kleine Formate und minuziöse Darstellungen. Gezeichnet wird auf Papier, dem durch leimgebundene Pigmente eine leichte Härtung und Rauhigkeit verliehen werden muß. Meist genügen ein oder zwei Aufstriche mit Aquarellfarbe, wobei auch eine zarte Papiertönung gegeben werden kann, zum Beispiel durch Ausmischen einer Erdfarbe mit Zinkweiß. Als Stift nehmen Sie am einfachsten ein Stückchen Draht aus möglichst reinem Silber von der Stärke einer Bleimine, passend in einen Druckstift. Die Spitze wird mit feinem Schmirgelpapier oder Bimsstein angeschliffen, und wenn der Draht zu glatt ist und nicht sitzen will, kerben Sie ihn mit einem stumpfen Messer ein wenig ein. Die zunächst hell- bis dunkelgrauen Striche verfärben sich nach einiger Zeit unter dem Einfluß schwefeliger Gase der Luft: es bildet sich das in dünner Schicht bräunlich erscheinende Schwefelsilber. Korrekturen sind völlig ausgeschlossen. Tastende Anfangslinien bleiben also sichtbar stehen, was sehr reizvoll wirken kann.

Zeichengründe

Als Zeichengrund kommt in erster Linie Papier in Betracht. Geeignet sind alle Malpapiere; überdies gibt es Sorten, die lediglich zum Zeichnen hergestellt werden, zum Beispiel das sehr schöne, gerippte »Ingres-Papier«, am besten wohl immer noch französischer Herkunft. Es ist auch in mehreren farbigen Tönungen zu haben, die jedoch ebensowenig lichtecht sind wie die Einfärbungen billiger Tonpapiere. Im Zusammenhang mit den einzelnen Zeichentechniken erfahren Sie, wie absolut lichtbeständige und obendrein reizvollere Papiertönungen auf verschiedene Weise selbst herzustellen sind. Grundsätzlich sollten Sie nur »holzfreie« Papiere verwenden und nicht zu dünne Blätter. Die Stärke läßt sich im allgemeinen nach der Gewichtsangabe (pro Quadratmeter) beurteilen, nicht jedoch die Dichte. Denn es gibt relativ starke Sorten, die trotzdem mehr oder weniger durchscheinend sind. Man braucht sie beispielsweise, um eine daruntergelegte grobe Vorzeichnung als Anhalt zu haben. Die fast völlig durchsichtigen Transparentpapiere sind jedoch für endgültige Zeichnungen ungeeignet, weil sie stark gilben und schon auf die geringste Feuchtigkeit mit bleibender Wellung reagieren, besonders die dünnen, häufig in Blocks angebotenen Sorten. Unentbehrlich ist Transparentpapier für die Zwischenstufen der verschiedenen Durchzeichenverfahren, nehmen Sie dann mindestens 90 bis 100 g schwere Fabrikate.

Welche Papiere Sie verwenden, ist – abgesehen von der Qualität – lediglich eine Frage des Verwendungszwecks und Ihres Geschmacks. Je rauher die Oberfläche, um so lockerer gerät der Zeichenstrich, selbst wenn er aus der Feder stammt. Dichte, präzise Linien sind nur auf ganz glattem Papier möglich. Die meisten Zeichenpapiere werden auch in Blocks mit fester Pappunterlage und in verschiedenen Größen angeboten. Für wertvollere und womöglich während der Arbeit zu fixierende Zeichnungen eignen sich am besten Blocks mit rings umklebtem Rand: das einzelne Blatt bleibt immer straff und eben.

Natürlich kann man auch auf Gewebe zeichnen, zum Beispiel auf Batist aus Leinen oder Naturseide. Die Stoffe müssen straff aufgespannt oder vorsichtig auf eine feste Unterlage geklebt werden. Gegebenenfalls überlassen Sie das einem Buchbinder. Gewebe eignen sich hauptsächlich für feine Pinselzeichnungen.

Auf neuen, trockenen Wandputz läßt sich sowohl mit flüssiger Farbe wie mit Pastellstiften zeichnen. Selbstverständlich wird man nur mit einer großzügigen, lockeren Vortragsweise zu guten Resultaten gelangen, etwa so, als handle es sich um ein rauhes Papier von großem Format. Von besonderem Reiz ist unter anderem Rauhfaser-Tapete oder ein entsprechender Dispersionsanstrich mit groben Füllstoffen, eventuell auch farbig getönt.

Fixative

Bleistift, Kohle und alle Kreiden haften nur lose auf dem Zeichengrund und bleiben mehr oder weniger verwischbar, bis sie »fixiert« werden. Das geschieht durch Übersprühen mit Harzen in verschiedenen Lösungsmitteln. Es gibt in Fachgeschäften Universalfixative, die auch in Sprühdosen zu haben sind. Sie funktionieren äußerst bequem und erlauben sehr feine und gleichmäßige Aufträge. Man muß jedoch die Dose der aufgedruckten Anweisung entsprechend behandeln, damit ihre winzige Düse nicht von verkrustendem Harz verstopft wird. Die Dosen sind auch nicht ungefährlich: das hoch komprimierte Treibgas ist brennbar und entwickelt unter längerer Wärmeeinwirkung derartigen Druck (zum Beispiel im in der Sonne geparkten Auto), daß es zu einer verheerenden Explosion kommen kann. Weniger Schwierigkeiten gibt es indessen mit dem altbewährten, billigen Fixativröhrchen zum Blasen.

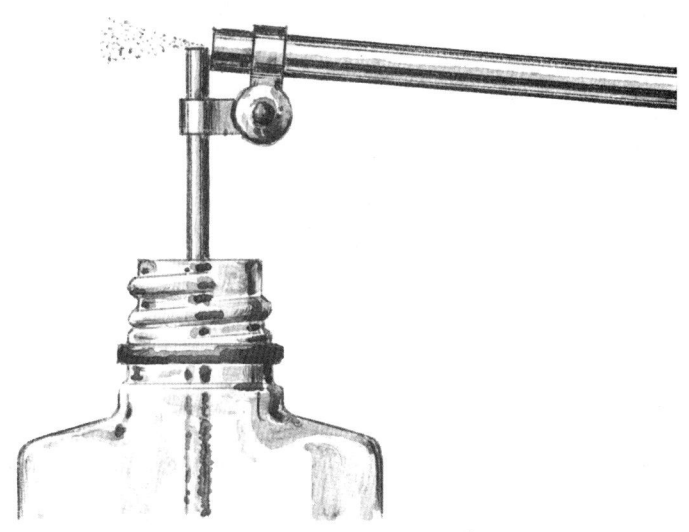

Zusammenklappbares Fixierröhrchen.

Fixiert wird prinzipiell in mehreren dünnen Aufträgen mit jeweils einer Trockenpause von fünf bis zehn Minuten. Das Blatt muß sicher angeheftet werden, wobei eine weiche Dämmplatte die besten Dienste leistet. Eventuell fungiert ein weit überstehender Bogen Packpapier als Sprühschutz, damit die Umgebung nichts abbekommt. Der Strahl soll stets schräg auftreffen, die Platte wird also ein wenig geneigt. Gesprüht wird in waagerecht untereinander folgenden Streifen, möglichst dünn und gleichmäßig aus einer Entfernung von etwa 30 bis 40 Zentimetern. Nach jedem Trocknen ist die Wischfestigkeit mit einem leicht aufgedrückten, weißen Leinenläppchen zu prüfen: dichte, dunkle Stiftaufträge verlangen naturgemäß häufigeres Fixieren als leichte Striche. Mit dick aufgesprühtem, womöglich herablaufendem Fixativ ist eine Zeichnung rasch verschmiert und auf keine Weise mehr zu retten.

Radiermittel

Grundsätzlich sollten Sie niemals radieren, sondern von Anfang an bemüht bleiben, die ersten, einteilenden und die Form ertastenden Striche so leicht und dünn aufzutragen, daß sie gleich einer feinen Spinnwebe stehenbleiben können. Das wirkt viel arbeitsgerechter und natürlicher als ein durch Radieren hoffnungslos verschmiertes Blatt. Das erhalten Sie meistens, wenn Sie einen Gummi benutzen, sei er auch noch so weich. Im Zweifelsfall tut ein »Plastikradierer« wesentlich bessere Dienste.

Kohle und gewischte Kreide werden mit Knetgummi aufgetupft, nicht abgerieben. Zum Teil rechnen Techniker in diesen Materialien sogar damit, aus tonig überriebenen Flächen Aufhellungen und Lichter mit entsprechend zugerichtetem Knetgummi herauszunehmen. Noch schonender und oft auch wirksamer ist ganz frische, aus fettfreiem Teig gebackene Brotkrume, also etwa das Innere eines beinahe noch warmen Semmelbrotes. Diese Krume fungiert übrigens als unübertreffbares Reinigungsmittel für alle Arten bereits fixierter Bildoberflächen.

Zum Radieren von Tusche oder auch Aquarellaufträgen (soweit sie sich nicht auswaschen lassen) darf niemals etwa sand- oder glasstaubhaltiger Gummi verwendet werden, weil er schmiert und meist auch zu grob wirkt. Viel sauberer und eventuell ohne jede zurückbleibende Spur arbeitet das Radiermesser, zumal wenn es mit äußerster Behutsamkeit und Geduld gehandhabt wird. Eine einfache kleine Rasierklinge tut's auch, sie liegt nur nicht so gut in der Hand wie ein Radiermesser. Außerdem ist darauf zu achten, daß nicht etwa das Öl, mit dem sie meist eingefettet ist, aufs Papier gerät. Stellen, die auch mit nur einem Hauch von Fett in Berührung kamen, zum Beispiel allein schon mit dem, das von der Hand abgesondert wird, rufen bei allen Weichzeichnern kaum mehr entfernbare dunkle Flecke oder regelrechte Fingerabdrücke hervor. Auf grundiertem Papier ist jede Rasur zu vermeiden.

Andererseits können Sie aus diesem Umstand eine recht reizvolle Technik entwickeln: Zeichnen Sie mit Pinsel und Terpentin (zumal mit altem, schon ein wenig verharztem Terpentinöl) auf Papier und überreiben das Ganze mit Kohle oder Kreidestaub, so wird die Zeichnung im leicht getönten Papier mit weichen, dunkleren Linien sichtbar, und so mancher »Kenner« dürfte herumrätseln, auf welche Weise Sie solch eigentümliche Wirkung zustande gebracht haben.

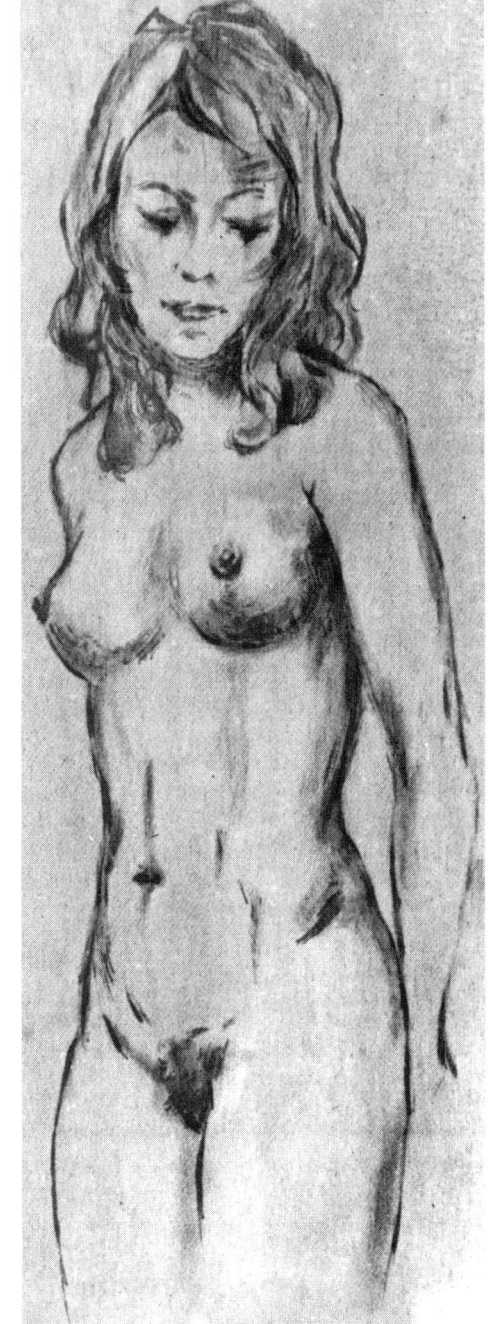

Die Studie ent-
stand mittels
eines Borsten-
Plattpinsels
Nr. 4, der immer
nur Spuren
von bereits
verharztem
Terpentinöl
enthielt. Zwi-
schendurch
und abschlie-
ßend wurde
mit einem
Wattebausch
Kreidestaub
(Sepia) über
die ganze
Fläche verrie-
ben, bis die
gewünschte
Tontiefe
erreicht war.

Erfassen natürlicher und technischer Formen

Versuchen Sie, ohne rechte Vorübung eine Ihnen – wie Sie meinen – wohlbekannte Form aus dem Gedächtnis aufzuzeichnen, so erleben Sie meistens gleich zwei Enttäuschungen: Einmal gelingt der dargestellte Gegenstand nicht proportionsgerecht, zum andern wissen Sie bei komplizierteren Dingen plötzlich nicht mehr weiter. Probieren Sie doch einmal, die Fassade des Hauses aufzuzeichnen, in dem Sie vielleicht schon jahrelang wohnen – bereits nach ein paar Strichen sind Sie am Ende mit Ihrem Formen- und Proportionsgedächtnis. Unsicherheiten und Fehler vermindern sich jedoch mit wachsender Übung im Beobachten und Formenvergleichen, und die gewinnen Sie in wirklich nachhaltiger Weise nur durch häufiges Abzeichnen. Betreiben Sie das grundsätzlich ohne jede »künstlerische« Absicht, dann ist der Gewinn sehr vielseitig: Sie schärfen Ihr Augenmaß, bekommen einen Blick für Formdetails und deren Zusammenhänge mit dem Ganzen, die Strichführung wird bestimmter, und schließlich gewöhnen Sie sich an, nur mit den Augen etwas nachzuzeichnen und sicher im Gedächtnis zu behalten, wenn weder Skizzenbuch noch Stift zur Hand sind. Obendrein bietet sich die Möglichkeit, beim sachlichen Abzeichnen die verschiedensten Techniken zu erproben, deren rechte Wahl später so oft das künstlerische Gelingen entscheidet.

Bestimmte, individuelle Formen werden am ehesten durch Vergleich mit einfachen, vor allem mit geometrischen Grundfiguren erfaßt. Zunächst läßt sich jedes Ding, jede räumliche Situation in zwei waagerechte und senkrechte Begrenzungslinien einspannen. die zusammen ein Rechteck bilden. Haben Sie dessen Breite und Höhe erst einmal richtig abgeschätzt, dann sind damit bereits die gröbsten Proportionsfehler ausgeschaltet. Dieses richtige Abschätzen ist gar nicht so leicht; allzu oft narren uns optische Täuschungen, und so empfehle ich Ihnen zwei verschiedene Hilfsmittel: das Maß-Visieren und den verstellbaren Sucher. Lassen

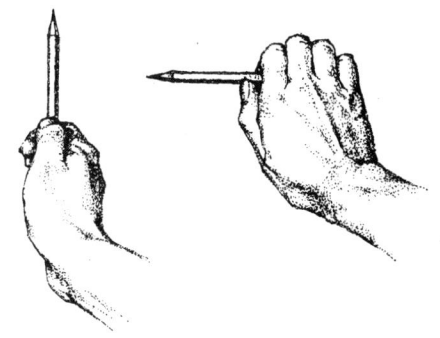

Handhaltungen beim Maßvisieren. Anfangs trägt man möglichst nur waagerechte und senkrechte Messungen ein, um einen sicheren Anhalt für die Neigungswinkel schräger Linien zu gewinnen.

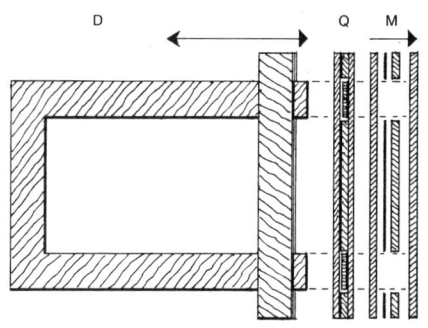

Sucher: D = Draufsicht, Q = Querschnitt, M = Montage des verschiebbaren Querstückes.
Aus ca. 2 mm starker Pappe wird das U-förmige Rahmenstück ausgeschnitten. Das Querstück besteht aus zwei gleichen Deckstreifen, zwischen die – mit jeweils etwa 1 mm Längenspielraum – drei Distanzstreifen geleimt werden, zugleich mit drei entsprechenden Zeichenpapierstreifen für den Querschnitt-Spielraum. Ausführungsgröße: linear das Drei- oder Vierfache der Abbildung.

Sie sich nicht beirren, wenn »Zünftige« darüber lächeln oder sich womöglich gar wütend ereifern – auch wenn Sie Hilfen einmal nicht mehr nötig zu haben glauben, bleibt zumindest der Sucher stets eine wertvolle Kontrolle, in welchem Maß Sie absichtlich oder unwillkürlich verzerrt und übersteigert haben. Im Gegensatz zum Sport sind bei künstlerischer Betätigung alle Hilfsmittel und Methoden recht, die zum beabsichtigten Ergebnis führen.

23

Das allein entscheidet! Lediglich sollten Sie Instrumente vermeiden, die der Sicherheit von Hand und Augenmaß nicht förderlich sind: Lineal und Zirkel, Zentimetermaß und Winkelmesser.

Da beim Abzeichnen Formvergleiche mit geometrischen Figuren die umfangreichste Rolle spielen, habe ich für Sie eine Reihe von Konstruktionsmöglichkeiten zusammengestellt, nach denen die wichtigsten Figuren ohne alle Instrumente nach Augenmaß zustande zu bringen sind und sich Winkel, Neigungen, Krümmungen und Proportionen gegebenenfalls nachprüfen lassen.

Beim Abzeichnen eines Gegenstandes oder mehrerer Dinge zugleich gehen Sie vom Begrenzungsrechteck aus und »schneiden« zunächst alle leeren Flächen mit weiteren geraden Linien weg – zuerst im groben, dann mit immer kürzeren Strichen genauer an die Form herantastend. Schließlich entsteht ein Umriß aus vielfach verwinkelten, vor- und zurückspringenden Zacken. Halten Sie sich aber nicht allein und schematisch an den Umriß, ebenso wichtig sind durchgehende Verbindungslinien, innere Teilungen oder andere markante Linien. Es entsteht gleichsam ein Netz aus spinnwebdünnen, vielfach geführten Tast-Linien, mit denen Sie die Formen regelrecht einfangen, einengen. Wenn alle Proportions- und Formvergleiche stimmen, erkennen Sie ohne weiteres, wo die endgültigen Konturen einzusetzen sind. Gelingt Ihnen das nicht auf Anhieb, so suchen Sie nach Hauptfehlern und beginnen lieber noch einmal von vorn, statt endlos zu korrigieren oder gar zu radieren!

Vielleicht liegen Ihnen gerade, eckige Strichführungen nicht, lieben Sie eher temperamentvolle Schwünge, wie sie besonders bei allem natürlich Gewachsenen, Lebendigen sooft »ins Auge fallen« und die man fast körperlich nachfühlt – dann beginnen Sie eventuell auch nicht mit dem Rechteck, sondern gleich mit Schwüngen: zuerst die großen, durchlaufenden, aus denen Sie allmählich kleinste Verästelungen hervorsprießen lassen. Gehen Sie jedoch vom Begrenzungsrechteck aus, so bilden die Schwünge Unterteilungen; Umrisse werden gar nicht beachtet, sie bilden sich allmählich wie von selbst.

Bei solchem Vorgehen halten Sie sich also anfangs nicht an direkt sichtbare, sondern an eigentlich nur empfundene Mittellinien oder Achsen. Um sie herum gruppiert sich die Materie der Gegenstände, ihr »Fleisch«. Am sinnfälligsten erscheint diese Auffassung und Art des Beginns natürlich bei schmalen, langgestreckten Formen, darüber hinaus führt sie ganz allgemein zur Methode des Nachkonstruierens. Mit ihr wiederum kommen Sie beim Nachzeichnen aus dem Gedächtnis am sichersten voran: Aus inne-

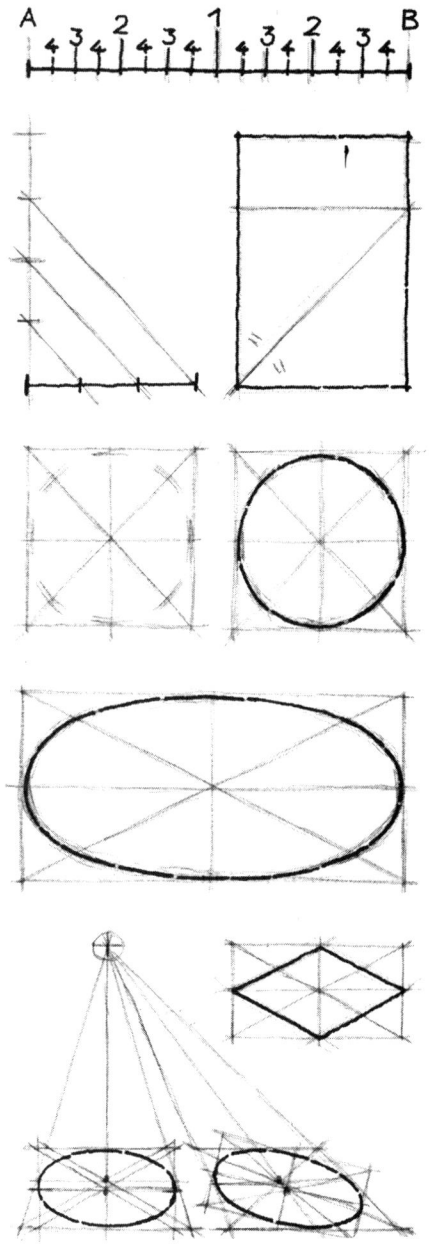

Oberste Reihe: Teilung einer Strecke (A–B) nach Augenmaß in 16 gleiche Stücke, Ziffernfolge = Teilungsreihenfolge.
2. Reihe, links: Parallelen teilen die Schenkel eines Winkels (hier ein rechter) stets in proportionsgleiche Abschnitte.
Rechts: Rechteckproportionen beurteilt man am besten durch Einzeichnen des Quadrats mittels der 45-Grad-Diagonale.
3. Reihe: Hilfsfigur für einen freihändig zu zeichnenden Kreis ist das Tangentenquadrat mit Diagonalen und Halbierungslinien.
4. Reihe: Hilfsfigur für eine Ellipse ist das Tangentenrechteck mit Halbierungslinien und Diagonalen. Unten: eine Raute entsteht aus der gleichen Hilfsfigur wie die Ellipse. Perspektivisch gesehene Kreise entstehen aus perspektivisch vorgezeichneten Quadraten. Es ergeben sich stets exakte Ellipsen, bei denen die Tangenten-Rechtecke um so stärker aus der Horizontalen gedreht erscheinen, je weiter sie seitwärts vom Sehstrahl des Betrachters entfernt liegen.

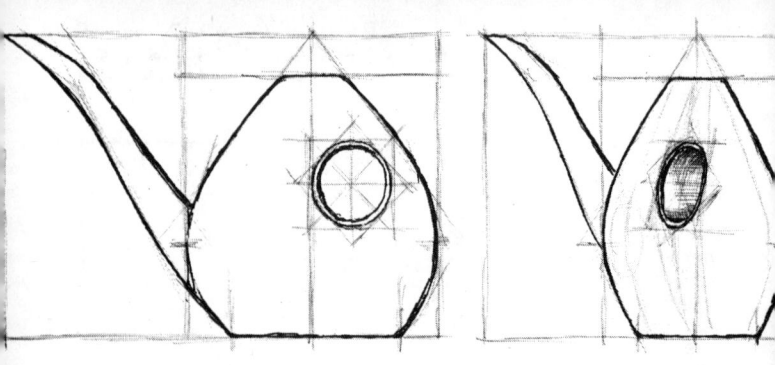

*Blumengießkanne: oben plani-
metrischer Aufriß mit vorwiegend waagerechten und senkrechten Hilfslinien, frontal
und gedreht. Rechts: perspektivische Ansicht mit ent-
sprechenden Fluchtlinien und
Hilfsovalen.*

ren Linien errichten Sie zunächst ein Gerüst, das Ihnen ein Wei-
terbauen nach außen und allen Seiten hin sehr erleichtert. Dabei
müssen Sie oft überlegen, ob Ihre Erinnerung Sie nicht trügt, und
werden nachdenken, welchen Sinn die Formen haben, die Sie
wiedergeben wollen. Manch einer wird mit solcher Einstellung
zur Umwelt auch unmittelbar abzeichnen – eine Art, die Inge-
nieuren und Naturwissenschaftlern eher liegt als Menschen,
die ihrem Wesen nach Maler sind, die Umwelt vom Äußeren her erfassen und sie als ein Gewebe aus farbigen Flächen
sehen. Auch beim Zeichnen geht es Ihnen nur darum, denn die
Farbe wirkt ja immer nur in einer gewissen Masse und Flächen-
ausdehnung, während sie als Linie kaum Geltung hat. Am weite-
sten aber kommt schließlich der, dem jede Art der Auffassung
und Wiedergabe geläufig wurde und der sie je nach den Gegebenheiten einzusetzen oder zu kombinieren weiß.

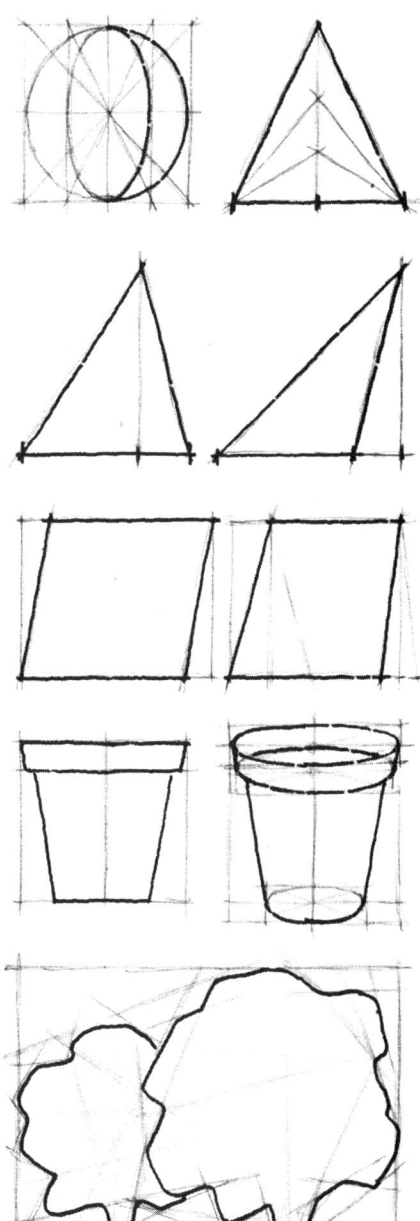

Oberste Reihe: Hilfsfiguren für Kreis, Ellipse und Mondsichel, Aufriß gleichschenkeliger Dreiecke (Giebel) unterschiedlicher Höhe, frontal gesehen.
2. Reihe: zur Kontrolle der Neigungen bei schiefwinkeligen Dreiecken dienen die senkrechten Höhenlinien.
3. Reihe: Parallelogramm und Trapez mit Rechteck und Dreiecken als Kontroll- oder Hilfsfiguren.
4. Reihe: Blumentopf, planimetrisch und perspektivisch gesehen, mit Hilfsfiguren.
Unten: Baumgruppe (Silhouette), eingespannt in ein Rechteck mit Ausschnitt-Tangenten und inneren Verbindungslinien.

Pflanzen

Ihr Empfinden für durchgehende Linien und Schwünge schulen
Sie am besten beim Nachzeichnen von Pflanzen, insbesondere von
kahlen Bäumen: Sie halten geduldig still, Stamm und Äste bilden
schon von Natur aus mehr oder weniger grobe Linien, die kör-
perhafte Ausdehnung ist relativ gering. Im Gegensatz dazu steht
der dicht belaubte Baum. Er verlockt geradezu, flächenhaft zu
sehen, zur zeichnerischen Einengung der Silhouette aus dem Begrenzungsrechteck. Hier und da bleiben aber immer Teile des Ge-
ästs zu erkennen, und sie müssen so wiedergegeben werden, daß
der ganze verborgene Wuchs zu spüren ist. Das gelingt Ihnen um
so sicherer, je öfter Sie die verschiedensten Baumarten im ent-
laubten Zustand nachzeichnend studieren.

Den jeweiligen Wuchs einer Pflanze begreifen Sie am besten,
wenn Sie darauf achten, ob sie »gegenständig« oder »wechsel-
ständig« austreibt. Dadurch wird vor allem der »Habitus« junger Bäume bestimmt. Eine besondere Art gegenständigen Wuchses
zeigen zum Beispiel viele Nadelbäume. Ihre Stämme streben
sehr gerade und schlank empor, weil ihre Äste quirlartig ansetzen
(früher schnitt man tatsächlich aus den Wipfeln gefällter
Fichten oder Tannen Kochquirle zurecht!). Die Zweigspitzen
strecken dagegen dreifingrige Hände aus, und ganz ähnlich erscheinen sämtliche Jungtriebe gegenständiger Laubbäume. Sie bilden auch am Stamm niemals Quirle, die beiden gleichzeitig mit
dem Mitteltrieb ansetzenden Seitentriebe breiten sich vielmehr
in jedesmal anderer Vertikalebene aus.

Wechselständige Pflanzen verzweigen sich in spiralig ansteigender
Folge mit jedesmal nur einem Seitentrieb. Ihm gegenüber macht
der Haupttrieb eine gewisse Ausweichbewegung, so daß Stamm
und Äste nicht »fichtengerade« wachsen, sondern in einem mehr
oder weniger ausgeprägten, spiralig gewundenen Zickzack. All
diese Erscheinungen verlieren sich an älteren Bäumen mehr und
mehr, abgebrochene Zweige und das immer stärker ansetzende

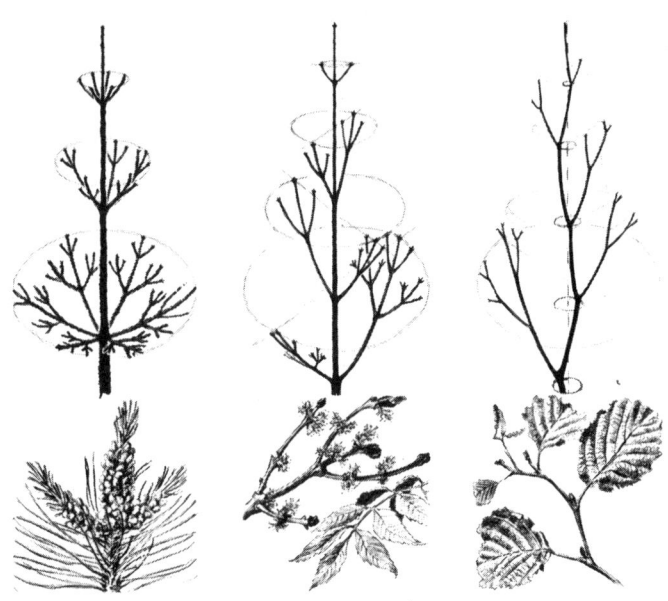

*Links: gegenständiger und Quirl- und Fächerwuchs bei Nadel-
bäumen, blühender Zweig einer Bergkiefer. Mitte: gegenständiger
Wuchs bei Laubbäumen, blühender Trieb und Blatt einer Eber-
esche. Rechts: wechselständiger Wuchs bei Laubbäumen,
Erlenzweig (Kugelschreiber).*

Holz verwischen den ursprünglichen Wuchs. Unter den Nadelbäumen nehmen insbesondere Kiefern oft höchst bizarre Wipfel-
formen an, und ältere Fichtenäste bilden lang herabhängende
Fahnen aus ganz verfilzten Zweigen. Wind oder nachgiebiges
Erdreich lassen manchmal einen Baum schief und krumm werden,
Sturm und Blitze zausen in den Ästen, das ursprüngliche Wuchs-
schema ist dann kaum noch zu erkennen, es verwandelt sich zum
ganz individuellen Antlitz. Trotzdem sind viele Baumarten
selbst aus größerer Entfernung deutlich zu unterscheiden. Und
der Ansatz junger Triebe geschieht in jedem Frühling nach jeweils vorbestimmtem Gesetz, dementsprechend auch die Blätter
abzweigen und meist sogar noch deren Hauptrippen. Stets bildet
der Wuchs eine Harmonie bis ins kleinste Detail. Deshalb sollte
jeder, der Baumstudien zeichnet, sich auch Jungtriebe vorneh-

men, ein Blatt, eine Blüte, einen Fruchtstand. Und was er an den zu Holz erstarrten Riesen erlebt, wird er ganz ähnlich an Sträuchern und kleinsten Pflänzchen unerschöpflich wiederfinden.

Zweig eines alten, kahlen Apfelbaumes (Kugelschreiber).

Abgesehen von der zeichnerischen Schulung, ist es überaus reizvoll, sich auch mit der minuziösen Wiedergabe kleiner, graziöser Gewächse zu befassen. Allein schon das zwangsläufige Vertiefen in die bescheideneren Wunder der Natur wird manchen ähnlich beglücken wie häusliches Musizieren. Obendrein entstehen Blätter, die wohl jeder gern betrachtet. Denn selbst wenn Sie Ihrem »Können« noch nicht viel zutrauen, erleben Sie kaum Fehlschläge: es ist alles nur eine Sache der Geduld, der inneren Ruhe und Gelassenheit. Arbeiten Sie auch nicht zu emsig in einem fort, häufige Pausen von ein paar Minuten geben Ihnen den nötigen Abstand, zumal wenn Sie sich an kompliziertere Techniken wagen, die Zeichnungen womöglich farbig anlegen. Wenige Andeutungen mit wohlabgewogenen Farben sind in diesem Fall am wirkungsvollsten. Seit jeher sind die Japaner Meister solcher Darstellungen gewesen.

Kahle Linde
Bei freiem Standort gleicht die Baumsilhouette oft dem Umriß
eines Lindenblattes (schwarze Kreidemine).

Strukturen und Landschaft

Bei der Wiedergabe von Laub- und Nadelbäumen wäre es selbstverständlich ein Unding, jedes Blatt oder jede Nadel formgetreu nachzeichnen zu wollen. Schließlich sind sie als Einzelgebilde ebensowenig auseinanderzuhalten wie die vielen kleinen Zweige eines kahlen Baumes. Man nimmt nur eine Masse wahr mit einer Struktur, die nicht einmal für jede Baumart eine unverwechselbare Charakteristik zeigt. Ausschlaggebend ist vielmehr die Typform der Blätter, die rundlich, gezackt, gebuchtet oder schmal und spitz sein kann. Zu beachten ist ferner die unterschiedliche Dichte der Belaubung, die nicht nur von der Art, sondern auch vom Alter eines Baumes abhängt.

Laubstrukturen gelingen bei Strichzeichnungen ohne weiteres, wenn Sie einzelne Kringel anhäufen, freilich mit einer gewissen Formdisziplin und unter Beobachtung der verschiedenen Wuchsrichtungen, etwa an einzelnen Zweigen und in den verschiedenen Regionen bis zum Wipfel. Dieses simple Verfahren können Sie etwas abkürzen, indem Sie die Struktur gleichsam aus einem endlosen Faden bilden. Natürlich ist das nur bei entsprechend kompakten Massen möglich. Nadelstrukturen lassen sich kaum anders als aus einzelnen Strichen zusammensetzen. Auch wenn sie zu dichten Strähnen oder Schirmen verfilzt sind, muß auf irgendeine Weise das Stachelige des Ganzen zum Ausdruck gebracht werden.

Meine Beispiele können und sollen nur eine bescheidene Anregung geben. Denn gerade beim Zeichnen von Strukturen steht Ihrer Erfindungsgabe das breiteste Feld offen, eine eigene Handschrift zu entwickeln. Betrachten Sie Zeichnungen van Goghs! Eine Verwechslung seiner grafischen Arbeiten mit denen irgendeines anderen Künstlers ist praktisch ausgeschlossen. Ihm ging es allerdings nicht immer nur um die Schilderung von Wachstums- und Materialstrukturen, sondern ebenso um die Verdeutlichung von Flächen- und Rundungsverläufen, denen er mit der Rohrfeder

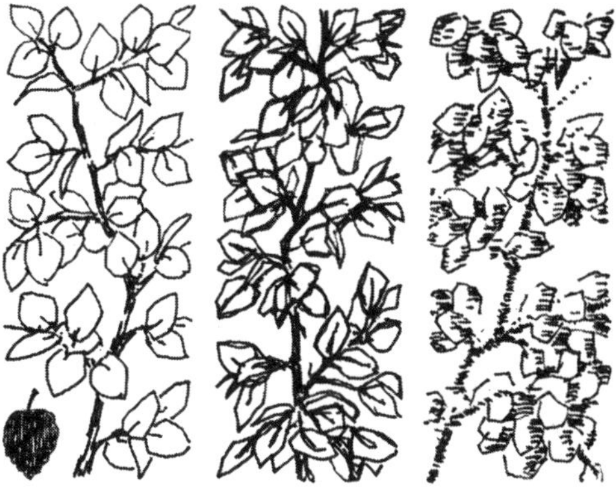

Oben (Zweige mit rundlichen Blättern): 1 Anhäufung von einzelnen »Kringeln«, 2 Schnurzüge ohne Absetzen, 3 Halbkonturen mit einheitlichen Schraffuren (Macro-Filzschreiber). Mitte: 1 Weidenzweig (Tuschfeder), 2 spitzblättriges Laub (Kreide). Unten: Hirschwurz und Farn (spitze Tuschfeder).

auf ähnliche Weise nachspürte wie ein Bildhauer mit Zahneisen oder Zahnschlinge den plastischen Buckeln seiner Figuren. Jedoch – Strukturen dürfen nicht zur Mache werden! Ein ernsthafter Betrachter merkt sehr wohl, ob eine erarbeitete Interpretationsabsicht zugrunde liegt oder nur ein skurriler Einfall.

Oben: Fichten (Kreide). Unten links: Schwarzkiefer mit blühendem Trieb. Rechts: Bergahorn (spitze Tuschfeder).

Voraussetzung für das Gelingen jedem verständlicher Strukturen ist das eingehende Studium des jeweiligen Objekts – seiner Bauidee wie seiner kleinsten Bauteile. Daraus entwickelt sich das zeichnerische Strichschema. Je einfacher Sie es gestalten, um so leichter wird die manuelle Ausführung. Entscheidend für die Wiedergabe ist auch die Wahl des Zeichenmaterials, besonders wenn sich ein Motiv hauptsächlich aus Strukturen zusammensetzt. Dabei ist zu berücksichtigen, ob mit ihnen auch plastische Formbeschreibungen gegeben werden sollen und inwieweit das mit dem gewählten Material erreichbar ist. Plastik läßt sich – abgesehen von der Linienperspektive – am überzeugendsten durch Schattierungen verdeutlichen. Im Zusammenhang mit Strichtechniken werden Hell-dunkel-Wirkungen am einfachsten durch Unterschiede in den Strichstärken erreicht – ebenso aber auch durch die wechselnde Dichte der Strichlagen. Jedoch verbindet sich mit diesen meist eine Verkleinerung der Details. Bei Perspektiven entspricht das den optischen Tatsachen, beim Hell-dunkel-Wechsel in einer Ebene aber nicht! In diesem Fall kommt man nur mit unterschiedlichen Strichstärken zum Ziel, also mit weichen Stiften, weichen Federn oder dem Pinsel. Er erlaubt schließlich auch Tonverläufe, sowohl im Großen wie im Detail durch die Anhäufung heller und dunklerer Flecke.

Bei genauer Beobachtung perspektivischer Hell-dunkel-Verläufe werden Sie entdecken, daß Strukturen im hellen Licht und im tiefsten Schatten ganz oder doch zum großen Teil unkenntlich werden. Am deutlichsten sichtbar sind sie im zerstreuten Licht oder Halbschatten. Ähnlich verhält es sich mit nah und fern: Von dem, was im Vordergrund klar zu erkennen ist, bleiben mit wachsendem Abstand lediglich markanteste Akzente, bis schließlich nur noch winzige Andeutungen genügen, um die Illusion endloser Fortsetzung hervorzurufen. Beim Zeichnen von Architekturen spielt das eine sehr wesentliche Rolle.

Aber nicht allein dabei, es gilt eigentlich für alle Strukturen! Für den Betrachter einer Zeichnung ist nichts anregender, als nur hier und da genau informiert zu werden, wie das Detail aussieht, und wenn seiner unbewußten Vorstellungsgabe die angenehme »Arbeit« überlassen bleibt, zahllose Wiederholungen lediglich zu empfinden. Würden sie bis zum letzten präzis wiedergegeben, dann würde es langweilig bis zum Überdruß. Das Fazit heißt also: Seien Sie bei Strukturen nur so weit genau, daß die Phantasie in die gewünschte Bahn gelenkt wird. Je mehr Sie dann weglassen, um so reizvoller die Wirkung.

Riesengebirgslandschaft, Tusche mit harter, spitzer und weicher, breiterer Feder; etwa ½ der Originalgröße. Links: Beginn ohne Vorzeichnung. Die einstweilen sehr locker, ohne durchgehende Linienführung hingesetzten Strichelungen lassen noch einigen Spielraum für Korrekturen. Wer sicherheitshalber ein wenig vorzeichnen möchte, tut das bei Federzeichnungen mit weichen, dünnen Bleistrichen, die so bald wie möglich, auf jeden Fall aber vor Beendigung der Zeichnung wegradiert werden. Durch wohl-

überlegte Anwendung mehrerer Federn mit unterschiedlichen
Strichstärken (kräftig im Vordergrund, zarter für den Hintergrund)
ergibt sich — unabhängig von Proportionsunterschieden — bereits
eine gewisse perspektivische Tiefenwirkung.
Rechts: Abschluß der Zeichnung. Bei größeren Formaten könnten
die Strichkontraste noch stärker betont und viele der hier leer ge-
lassenen Flächen ebenfalls durchgezeichnet werden.

Parklandschaft, schwarze Kreide und Deckweiß-Pinsel auf getöntem Grund; etwa ½ der Originalgröße. Zunächst wird leicht rauhes Aquarellpapier mit Pastellkreide (ein matter Farbton, eventuell auch Rötel) mehrfach überrieben und fixiert, um einen durchgehenden, unverwischbaren Mittelton als Ausgangsbasis zu haben. Darauf entsteht die Kreide-Zeichnung, die — gegebenenfalls — mit dem Wasserpinsel hier und da laviert werden kann. Nach abermaligem Fixieren erfolgt die »Weißhöhung« mit einem feinen Haar-Rundpinsel und Deck- oder Aquarellweiß. Diese Arbeits-weise war jahrhundertelang bei Studien aller Art sehr beliebt und führt, wenn es darauf ankommt, zu außerordentlich plastischen oder perspektivischen Effekten.

In besonderer Weise gilt das für Landschaftszeichnungen. Es gibt zwar in der Natur nirgends so kongruente Wiederholungen wie bei Architekturen, jedoch finden sich in jedem Landschaftsbild meistens die gleichen charakteristischen Massenstrukturen: Grasflächen, leere oder bestellte Äcker, Laub- und Nadelwald, Wege, Gewässer aller Art, Felsen, Geröll und schließlich klare oder bewölkte Himmel. Es ist also ein vielfältiges Nebeneinander unterschiedlichster Strukturen, die zudem je nach Distanz des Betrachters stark variieren: Was in seiner Nähe stärkste plastische Modellierungen zeigt, zum Beispiel Gebüsch und Wald, wird in der Ferne zu silhouettenhaften oder im Ton unmerklich verlaufenden Flächen.

Am einfachsten ist diesen Verschiedenheiten natürlich mit Verfahren beizukommen, die sowohl präzise Striche als auch feinste Tonabstufungen erlauben, wie etwa die aquarellierende Pinselzeichnung oder die Kreidezeichnung. Dagegen stellen die stets mehr oder weniger abstrahierenden Feder-Techniken weit höhere Anforderungen: Den Zeichner zwingen sie zur darstellerischen Disziplin wie Etüden den Musiker – beim Betrachter aktivieren sie unwillkürlich die ganze Skala seines Vorstellungsvermögens.

Linienperspektive

Beim Abzeichnen von Pflanzen haben Sie deren plastische Formen unwillkürlich in die Fläche Ihres Zeichenblattes übertragen. Dennoch wirken die Wiedergaben mehr oder weniger plastisch, weil Sie beim genauen Hinsehen die hellen, im Licht liegenden Partien ohne weiteres zarter zeichnen, das im Schatten liegende aber kräftiger und dunkler. Für plastische Wirkungen ist jedoch an erster Stelle die Linienperspektive ausschlaggebend, zumal, wenn es sich um kompaktere Gegenstände als einzelne Pflanzen handelt. Schon wenn Sie eine auf Ihrem Tisch liegende Streichholzschachtel formverständlich wiedergeben wollen, gelingt Ihnen das nur, wenn deren Kantenlinien perspektivisch richtig erfaßt sind. Haben Sie es falsch gemacht, so nützt auch die raffinierteste Schattierung nichts. Sie ist bei einer wohlgelungenen Linienperspektive nicht einmal unbedingt notwendig.

Deren Gesetze und Konstruktionsmöglichkeiten, die übrigens auch für die zeichnerische Illusion von räumlicher Weite und Tiefe wichtig sind, wurden zur Zeit Leonardo da Vincis erstmals genauer ergründet. Betrachten Sie Gemälde und Grafiken aus davor liegenden Epochen, so werden Sie oft merkwürdige Verzeichnungen entdecken. Manchmal erinnern sie an gewollt naive Auffassungen moderner Künstler, die meist aber nicht so überzeugend und reizvoll wirken wie die rührende Unbeholfenheit früher Meister. Der künstlerische Eindruck hängt also nicht unbedingt von naturgetreuer Perspektive ab. Doch wenn nun einmal richtige Erkenntnisse zur Verfügung stehen, so haben hilflose Fehler aus mangelndem Wissen oder Können keine Berechtigung mehr; hinter willkürlichen Verzeichnungen muß dann schon eine überzeugende Absicht erkennbar sein.

Um störende perspektivische Fehler zu vermeiden, genügen dem Freihandzeichner und Maler einfachste Grundkenntnisse der exakten perspektivischen Konstruktion. Durch sie findet er zu Hilfslinien, die zum Erfassen plastischer und räumlicher Situa-

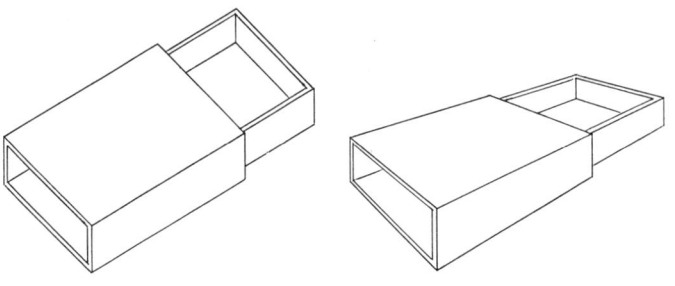

Links: isometrische, d. h. maßgetreue und deshalb unnatürlich wirkende Darstellung, üblich für rein technische Zwecke. Rechts: perspektivische Konstruktion, dem natürlichen Anblick entsprechend.

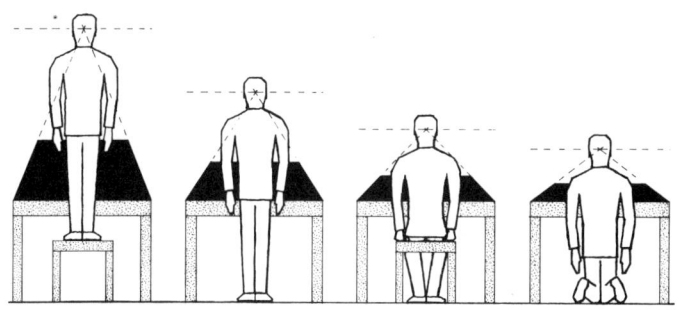

Unterschiedliche Draufsichten auf ein und dieselbe Tischplatte je nach Horizonthöhe des Betrachters.

tionen oft unentbehrlich sind oder dazu dienen, zuweilen recht merkwürdige perspektivische Erscheinungen zu analysieren. Anfangs ist das für Sie von außerordentlichem Nutzen, später, mit wachsendem Verständnis, können Sie auf Hilfen weitgehend verzichten und freier arbeiten, was schließlich der Sinn aller folgenden Untersuchungen ist.

Lediglich um Ihnen die Kontrolle perspektivischer Vorgänge zu erleichtern, habe ich meinen Beispielen exakte Linealzeichnungen zugrunde gelegt. Beim Freihandzeichnen hat das Lineal natürlich niemals etwas zu suchen!

Die wichtigste perspektivische Hilfe ist der Haupthorizont. In freier Landschaft ist er ohne weiteres zu ermitteln, wenn Archi-

41

tekturen im Bild sind: bei ihnen gibt es stets genau waagrechte Kanten, deren Verlängerungen in »Fluchtpunkten« zusammenlaufen, die nur auf dem Haupthorizont liegen können. Beim Zeichnen von Innenräumen kommt praktisch keine andere Horizontlinie vor. Im Freien jedoch führen die Fluchten unebenen Geländes, am deutlichsten die von gleichmäßig ansteigenden oder abfallenden Straßen, zu Nebenhorizonten, die über, beziehungsweise unter dem Haupthorizont liegen. Alle Horizontlinien laufen absolut waagerecht über Ihre Zeichenfläche.

Die Lage der Horizonte wird von der Augenhöhe des Betrachtenden bestimmt. Wenn Sie sich hinsetzen und einen Ausschnitt aus Ihrem Zimmer skizzieren, so haben Sie geringere Draufsicht auf Fußboden oder Tischflächen, und deren Kantenfluchten verlaufen flacher, als wenn Sie vom gleichen Ort aus stehend zeichnen. Noch eindrucksvoller erleben Sie die Veränderlichkeit der Horizonthöhe am steilen Meeresufer: unmittelbar am Strand sehen Sie den Haupthorizont – nun die Grenzlinie zwischen Himmel und Wasser – relativ niedrig. Steigen Sie jedoch empor, so steigt dieser Horizont offensichtlich mit Ihnen. Auf ihm enden, wie gesagt, die Verlängerungen aller Linien, die waagerecht, »horizontal« von Ihrem Standpunkt wegführen, und solche Linien finden sich zuverlässig stets an Bauwerken. Man könnte also den Haupthorizont auch Architekturhorizont nennen. Sämtliche waagerechten Baulinien gleicher Richtung – ob es nun Fassaden- und Dachkanten eines Hauses sind oder die einer ganzen Gebäudegruppe in paralleler beziehungsweise rechtwinkeliger Ausrichtung –treffen in einem einzigen Verschwinde- oder Fluchtpunkt zusammen.

Verlaufen die Waagerechten auch noch parallel zu Ihrer Blickrichtung, dann ist deren Fluchtpunkt zugleich Ihr »Augpunkt«, der Punkt also, den Sie beim Abzeichnen auf dem Horizont ständig anvisieren. In diesem Fall handelt es sich um eine »Zentralperspektive«. Das heißt, es gibt nur einen einzigen Hauptfluchtpunkt. Gleichzeitig werden alle rechtwinklig zu den Tiefenfluchten ausgerichteten Flächen frontal und ohne perspektivische Verzerrung gesehen. Sie erscheinen mit wachsendem Tiefenabstand lediglich proportional verkleinert. Ein solcher Anblick bietet sich zum Beispiel, wenn Sie eine Kirche durch das Hauptportal betreten und mitten auf den Hochaltar zuschreiten. Zentralperspektiven wurden seit eh und je vornehmlich bei feierlichen Bildkompositionen angewendet.

Bei anderen Darstellungen sind zentralperspektivische Standpunkte weniger angebracht, weil solche Bildausschnitte gewöhn-

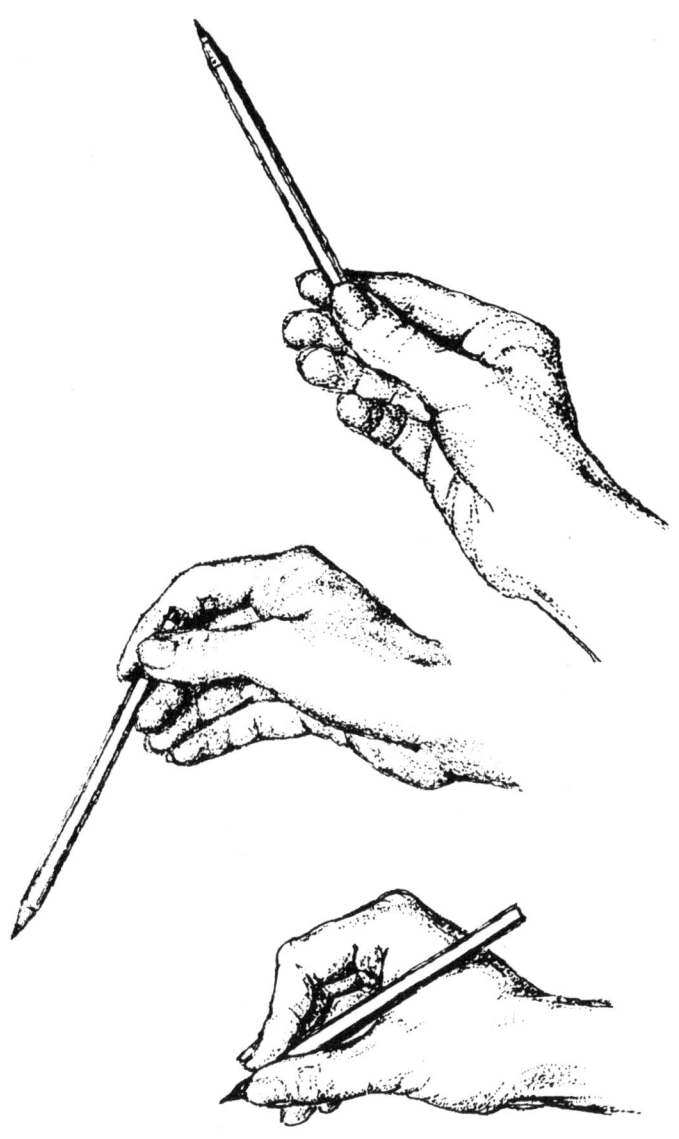

Oben und Mitte: Stifthaltungen sowohl beim Anvisieren von Schräglinien als auch zum leichten, flotten Skizzieren — im Gegensatz dazu die falsche, weder Leichtigkeit des Strichs noch Überblick erlaubende Kritzelhaltung (unten).

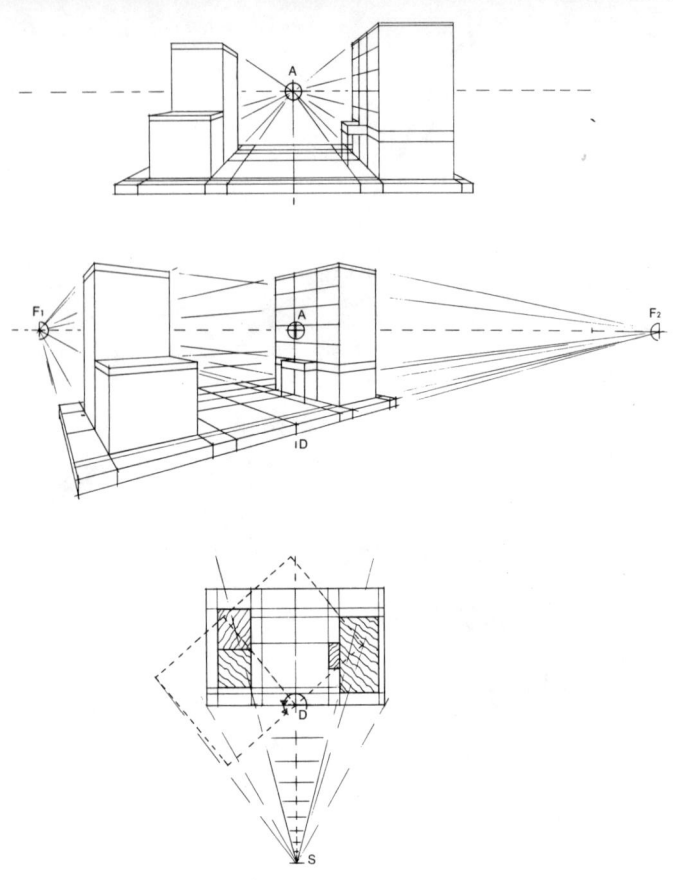

*Zwei Perspektiven, demonstriert mittels eines einfach aufzu-
bauenden Architekturmodells. S = Standpunkt des Betrachtenden,
D = Drehpunkt der Modellplatte, A = Augpunkt auf dem Horizont (waagerecht gestrichelt), F₁ und F₂ = Fluchtpunkte. Unten:
Grundriß des Modells, frontal ausgerichtet und gedreht, mit
Standpunkt und Blickfeld des Betrachtenden (Sehkegel von
30 Grad schraffiert). Oben: das Modell frontal gesehen, der
Augpunkt A ist gleichzeitig der einzige Fluchtpunkt (Zentralperspektive). Mitte: das Modell gedreht, Standpunkt und Blickrichtung unverändert; die Tiefenfluchten enden nun in Punkt F₁,
die vordem frontalen Waagerechten in Punkt F₂ (Punkt A hat
zeichnerisch keine Bedeutung mehr).*

lich langweilig oder gewollt wirken. Wesentlich plastischere und reizvollere Perspektiven ergeben sich, wenn Ihre Blickrichtung keiner Gebäude- oder Straßenflucht parallel ist, die wichtigsten Bildobjekte also »übereck« zu sehen sind. Ein Bauwerk hat dann zwei Fluchtpunkte auf dem Haupthorizont, und häufig fällt einer von beiden weit außerhalb der Zeichenfläche. In dieser Richtung müssen Sie also auf konstruktive Kontrollen verzichten und sich damit begnügen, die über den Bildrand hinausweisenden Fluchtneigungen so gut wie möglich abzuschätzen. Gegebenenfalls legen Sie daheim ein ausreichend großes Transparentblatt auf die Freihandzeichnung, pausen die Fluchten ausnahmsweise mit dem Lineal durch und verlängern sie, ebenso die Horizontlinie. Alle Verlängerungen müßten sich in einem Punkt treffen, und an den Differenzen ermessen Sie, wieweit Ihr Augenmaß getrogen hat. Ganz exakt wird es nie sein, kleinere Ungenauigkeiten sind bei weit herausfallenden Fluchten jedoch nicht weiter tragisch.

Eine Unzahl von verschiedenen Fluchten finden Sie beim Abzeichnen mehrere Gebäude, die nicht rechtwinklig zueinander stehen, bei krummen Straßen, womöglich mit Treppen und wenn noch dazu das Gelände uneben ist. In solchen Fällen würden die kreuz und quer laufenden Fluchtlinien mit ihren verschieden hohen Horizonten einen solchen Wirrwarr ergeben, daß Sie auf perspektivische Hilfslinien besser verzichten. Begnügen Sie sich mit einem Netz aus durchvisierten Waagerechten und Senkrechten, das auch zur Kontrolle der unterschiedlichen Tiefenabstände und Verkleinerungen ausreicht. Der Rhythmus, in dem sie sich verändern, hängt nicht allein von den Abständen in natura ab, sondern auch vom Standpunkt des Zeichners.

Ein Netz aus waagerechten und senkrechten Visierlinien kann auch bei der Wiedergabe von Wasserspiegelungen völlig ausreichen. Wem sie gelingen, der erntet bei allen Laien größte Bewunderung, obwohl die Sache relativ einfach wird, wenn man weiß, wie solche Spiegelungen entstehen: Sie brauchen sich nur vorzustellen, die Wasserebene liefe unter den spiegelnden Objekten hindurch, und diese selbst seien umgekehrt noch einmal vorhanden und hingen genau senkrecht unter den oberen Objekten an der durchlaufenden Spiegelfläche. Aufschlußreicher als alle Erklärungen ist ein Aufbau, den Sie auf alle mögliche Weise variieren und von verschiedenen Standpunkten abzeichnen können: verschaffen Sie sich einige Gegenstände, von denen je zwei immer völlig gleich sein müssen und die sich in ähnlicher Weise übereinanderbauen lassen, wie ich es bei meinem Ver-

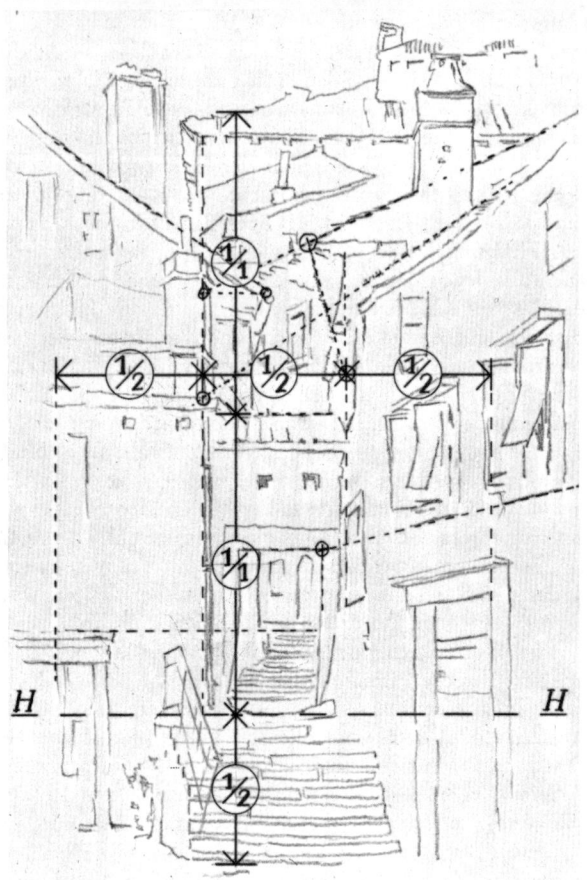

*Rechts: Motiv aus Labin (Istrien). Reisestudie mit Kugelschreiber
(leichte Vorzeichnung) und Pinsel mit Aquarellfarbe (beim Original
Umbra). Oben: verkleinerte Pauszeichnung mit schematischer
Blattaufteilung zu Beginn: H = Horizont, ½ und ⅟₁ = halbe und
ganze Visiermaße, punktierte Linien = die wichtigsten Waagerechten, Senkrechten und Schrägen.*

such mit Zigarrenkisten, einer Papierpyramide und einer Glas-
scheibe getan habe. Oder Sie stellen irgendwelche Dinge zum
Abzeichnen auf einen waagerechten Spiegel.
Natürlich begegnen Ihnen in der freien Landschaft nicht immer
so einfach überschaubare Spiegelungen. Sie verzerren sich optisch
um so mehr, je höher Sie über dem Wasser stehen, je näher Sie

LADIN
Jayathrimu
3. 6. 70

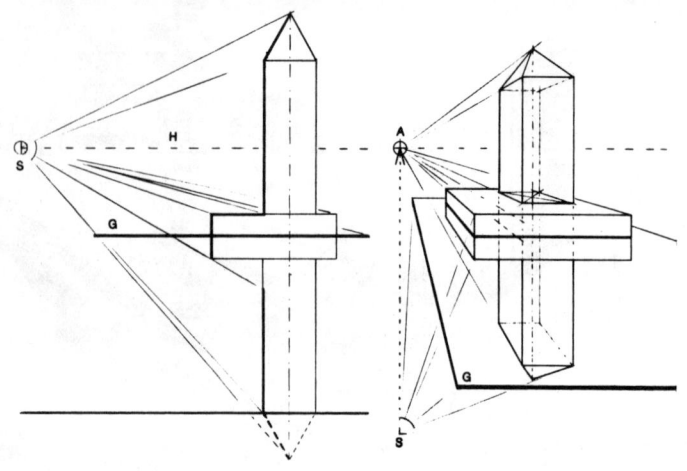

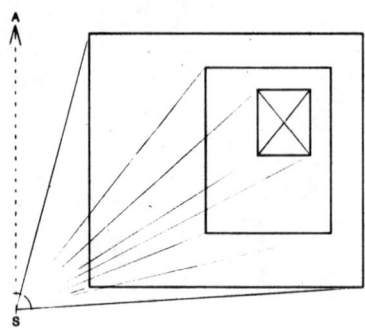

*Das Wasserspiegelungs-
modell. (S = Standpunkt
des Zeichners, H = Hori-
zont, A = Augpunkt, G =
Glasplatte). Links oben:
Verlauf der Sehstrahlen
beim Zeichnen des Mo-
dells. Links unten: Grundriß des Modells mit Seh-
strahlen-Verlauf vom
Standpunkt des Zeichners.
Rechts oben: Das perspek-
tivische Bild.*

herangehen. Das gilt übrigens auch für Objekte ohne Spiegelung. Dann ergeben sich manchmal geradezu groteske Bilder,
weil Sie einen unnatürlich weiten Sehwinkel wählen müssen.
Unser natürlicher, alle Gegenstände auf einen Blick erfassender
Sehkegel hat aber nur eine Winkelöffnung von etwa 30 Grad.
Alles, was außerhalb von ihm liegt, können Sie nur dann deutlich sehen, wenn Sie entsprechend zur Seite, nach oben oder
unten blicken. Geringfügige Abweichungen von Ihrer Augpunkt-
richtung beeinträchtigen das Gelingen Ihrer Zeichnung kaum.
Müssen Sie jedoch sehr nahe am Objekt arbeiten, so bringen Sie
eine technisch richtige Perspektive nur zustande, wenn Sie vom

48

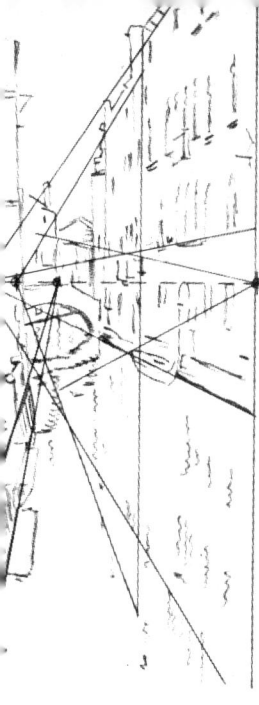

Kanal in Venedig.
Feder mit wasser-
löslicher Tusche,
laviert. Oben: ver-
kleinerte Pauszeich-
nung mit einigen
Fluchtlinien. Daß die
Tiefenfluchten in
verschiedenen
Fluchtpunkten auf
dem Horizont
enden, erklärt sich
aus dem gekrümm-
ten Verlauf des
Kanals, dem die
Fassaden in ent-
sprechender Ver-
winkelung folgen.
Nur die Fluchten
jeweils eines Bau-
werks samt denen
seiner Spiegelung
enden im gleichen
Punkt.

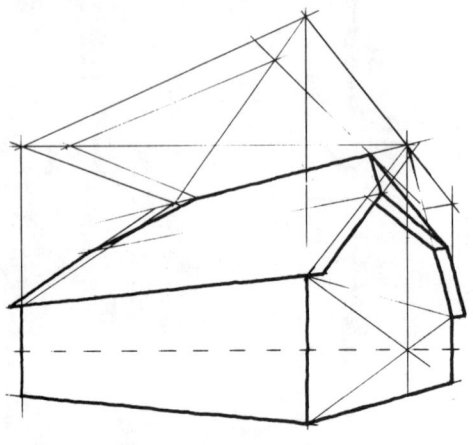

*Haus mit abge-
walmtem Dach.
Mit den dünnen
Konstruktions-
linien wird die
Lage der zu-
nächst nur skiz-
zierten Eck-
punkte des
Dachaufbaues
kontrolliert und
gegebenenfalls
berichtigt.*

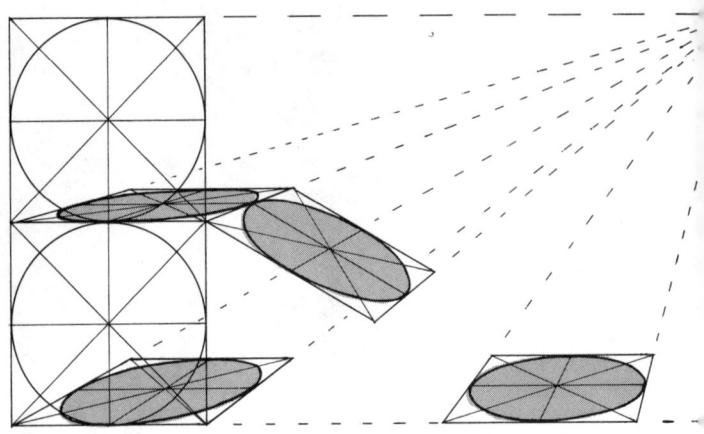

*Links: Kreis in verschiedenen perspektivischen Ansichten mit
Quadrat als Hilfsfigur. Rechts: die gleiche Situation bei einer
Ellipse mit dazugehörigen äußeren und inneren Rechtecken.*

Zentrum nach außen verlängerte Fluchten als Konstruktionshilfen benutzen. Man sollte also meinen, daß am besten immer ein
Standpunkt zu wählen wäre, von dem aus Sie alles mit einem
Blick erfassen können. Je weiter Sie jedoch weggehen, um so
flacher verlaufen die Fluchten, um so größer werden die Flucht-
punktdistanzen. Unter Umständen wirkt dann die ganze Per-

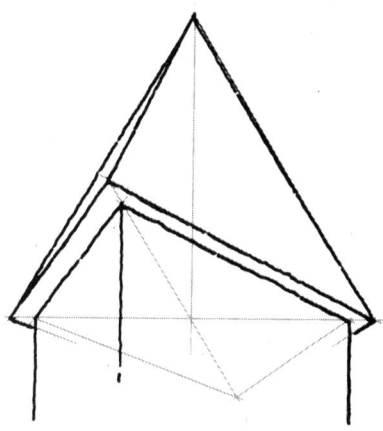

Pyramiden-Zeltdach (romanisch); Ermittlung der senkrechten Mittelachse, auf der die Dachspitze liegen muß.

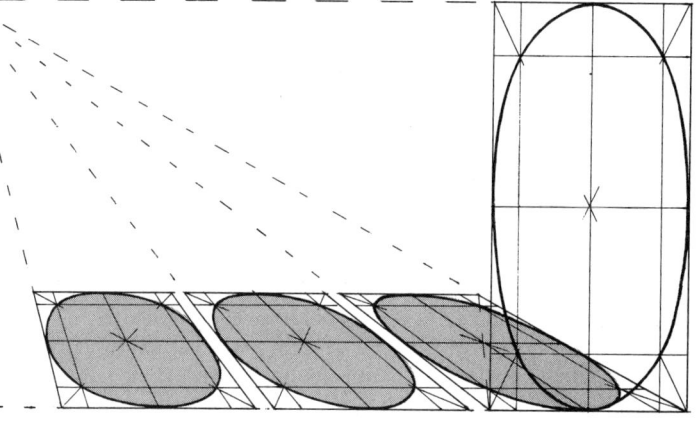

spektive so flach und reizlos, daß ein näherer Standpunkt mit unnatürlich weitem Sehwinkel vorzuziehen ist.

Einige Schwierigkeiten hat der Anfänger mit perspektivisch richtigen Wiedergaben von Dächern übereck gesehener Häuser, denn jede der Dachkanten erscheint in anderer Neigung. Bei Zeltdächern ist die genaue Bestimmung der Spitze ausschlaggebend, Walm- oder gar Mansarden-Dächer gelingen kaum noch allein mit Visierlinien.

Wesentlich einfacher wird die Geschichte, wenn Sie den Gebäudequader durchsichtig auffassen. Die nötigen Fluchtansätze

51

für die rückwärtigen Seiten des »Glaskastens« ergeben sich aus den vorderen Eckpunkten. Da Diagonalschnittpunkte stets die Mitten von Rechtecken bilden (auch wenn sie perspektivisch als unregelmäßige Vierecke erscheinen), finden Sie ohne weiteres die senkrechten Halbierungslinien der Giebeldreiecke. Mittels einer einzigen, richtig abgeschätzten Seitenneigung ist dann das ganze Dach nachzukonstruieren. Diagonalschnittpunkte der Grundfläche markieren auch die Gebäudemitte, senkrecht darüber liegt zum Beispiel die Spitze eines Zeltdaches. Mit den nach außen verlängerten Diagonalen geeigneter Horizontalebenen lassen sich vorspringende, »vorkragende« Geschosse, Gesimse, Traufen und Sockel nachkonstruieren, wenn außerdem das markanteste der drei sichtbaren Hausecken-Profile richtig abgeschätzt wurde.

Während sich perspektivische Veränderungen unregelmäßiger Rundungen natürlich nur mittels genauer Beobachtung darstellen lassen, gibt es für regelmäßige Rundungen Konstruktionshilfen. Eine Kugel erfährt überhaupt keine perspektivische Änderung, sie erscheint stets als exakter Kreis. Kreise dagegen werden zu exakten Ellipsen, deren Formen ermitteln Sie aus den perspektivisch verwandelten Kreis-Quadraten. Ellipsen erscheinen – je nach Lage des umschließenden Rechtecks – gedreht und proportional verändert. Sie überzeugen sich am besten, wenn Sie von extremen Formen und Blickwinkeln ausgehen.

Wichtig werden diese Hilfen vor allem bei komplizierteren Architektur-Ansichten. Zum Beispiel, wenn es sich um die Wiedergabe stark verkürzter Bogen handelt, oder um nahe auf Ihren Standpunkt zulaufende Rundpfeiler- und Säulenreihen. Einzelne runde Gefäße und ähnliches zeichnet man besser nur nach Augenmaß, indem man sich mit dünnen, rasch herumfahrenden Linien an die endgültigen Rundungen herantastet. Bedenken Sie dabei, daß perspektivische Ellipsen um so gedrungener werden, je mehr Drauf- oder Untersicht Sie haben.

Schattenperspektive

Wenn auch die Plastik sehr vieler Dinge allein mit Hilfe der Linienperspektive eindeutig wiederzugeben ist – greifbarer wirkt sie natürlich immer durch Schattierungen. Manchmal sind sie sogar das einzige Mittel zur Verdeutlichung plastischer Ausbildungen: denken Sie sich beispielsweise die drei kleinen Formstücke derart verlängert, daß weder oben noch unten Querschnittsformen zu erkennen sind, so bleiben ohne Schattierung jeweils nur drei beziehungsweise zwei senkrechte Linien übrig, die gar nichts besagen.

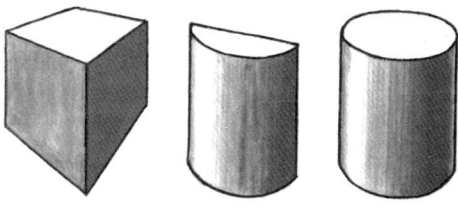

Die Plastik der drei Formstücke kommt durch die unterschiedliche Stärke des »Eigenschattens« zum Ausdruck. Das linke, eckige Stück zeigt zwei glatte, scharf getrennte Tonstufen, die beiden anderen dagegen Tonverläufe. Beim Halbrund endet der tiefste Schattenton mit der rechten Kante. Beim runden Formstück wird er zur rechten Begrenzung hin wieder etwas heller und verdeutlicht, daß die Rundung nicht abbricht, sondern weiterläuft – eine Erscheinung, die Sie normalerweise bei allen vollendeten Kreis- und Ovalrundungen beobachten können. Dabei sehen Sie vielerlei Variationen, die sowohl vom Lichteinfall wie von der Oberflächenbeschaffenheit des Gegenstandes abhängen: ist sie beispielsweise sehr glatt und glänzend, so ergeben sich stellenweise scharf abgegrenzte Licht- und Schattenpartien, hervorgerufen durch Reflexe und Spiegelungen. Bestimmte Regeln gibt es für solche Erscheinungen nicht, man bleibt stets auf genaue Beobachtung angewiesen.

Völlig anders verhält es sich mit den »Schlagschatten«. Im Gegensatz zur eigenen Schattierung eines Gegenstandes erscheint der Schlagschatten meist ohne jeden Tonverlauf auf der Umgebung, also vornehmlich auf der Standfläche des schattenwerfenden Gegenstandes. Je heller das auf die Umgebung fallende Licht ist, um so dunkler wirkt der Schlagschatten, dunkler auch als der Eigenschatten, der gewöhnlich von indirektem Licht aufgehellt erscheint. Wenn Sie das immer beachten und durch entsprechende Tonunterschiede wiedergeben, so gewinnt die räum-

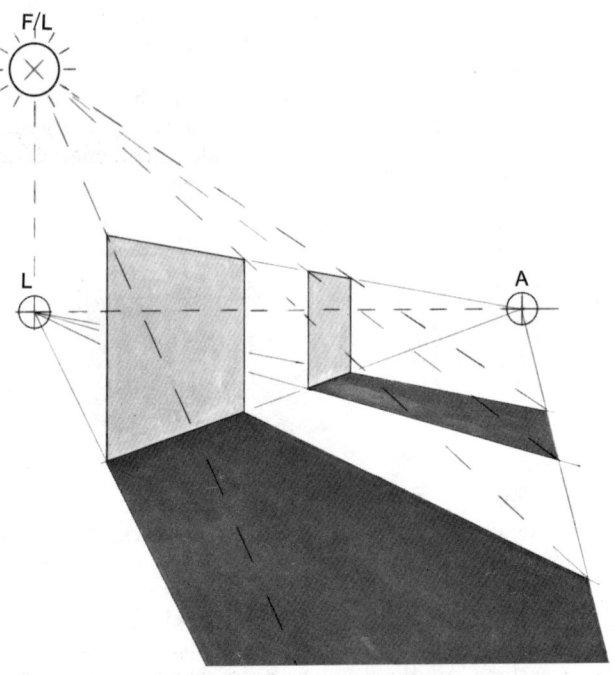

Zwei zentralperspektivisch ausgerichtete Flächen bei Sonnenstand seitlich vor dem Betrachter. Der Schattenfluchtpunkt liegt einerseits auf dem Horizont senkrecht unter der Sonne (L), andererseits im Augpunkt. Die Schattenlänge ergibt sich aus der Sonnenhöhe beziehungsweise aus der Neigung der tangierenden Lichtstrahlen, deren Fluchtpunkt F/L in der Sonnenmitte zu denken ist.

54

liche Situation bereits an Anschaulichkeit. Völlig geklärt wird sie durch die Perspektive der Schlagschatten.

Das ist so zu verstehen: Schlagschatten fallen, wie gesagt, zunächst auf die Standfläche der schattenwerfenden Objekte. Diese Fläche gibt den wichtigsten Anhalt für die Illusion räumlicher Tiefe, sofern ihre Ausdehnung auf irgendeine Weise erkennbar wird. Dazu können Schlagschatten in hervorragender Weise dienen, weil ihren Flächenformen linienperspektivische Gesetze zugrunde liegen. Ausschlaggebend sind dabei drei Faktoren:

1. Der Strahlungsverlauf des Lichts. Beim Sonnenlicht (für Mondlicht gilt das gleiche!) ist er für uns praktisch parallel, bei einer künstlichen Lichtquelle ist er radial.

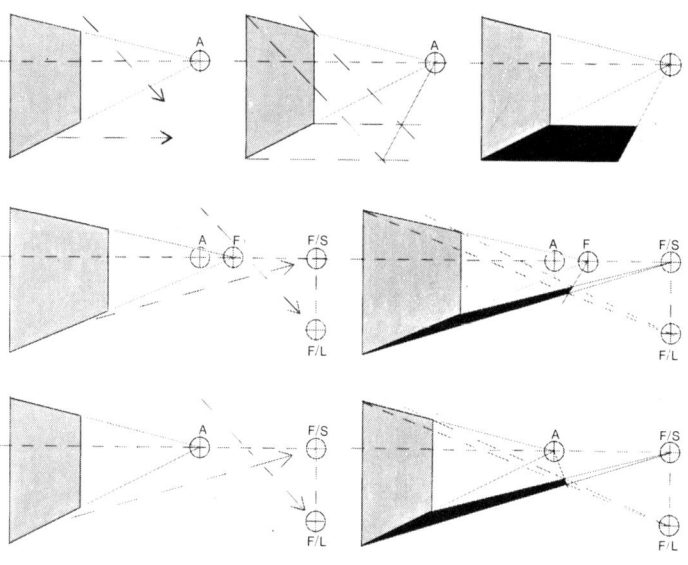

Oben: die schattenwerfende Fläche ist zentralperspektivisch zum Augpunkt (A) ausgerichtet, auf die — von links — die Sonnenstrahlen rechtwinkelig zur Flächenflucht auftreten.
Mitte: die schattenwerfende Fläche ist nach rechts gedreht. Ihre Fluchten enden im Punkt F rechts neben dem Augpunkt, die Sonne steht links hinter dem Betrachtenden, der Fluchtpunkt ihrer Lichtstrahlen liegt unter dem Horizont (F / L), senkrecht darüber, auf dem Horizont, der Schattenfluchtpunkt (F / S).
Unten: Sonnenstand und Betrachter-Standpunkt wie vorher, die schattenwerfende Fläche ist jedoch wieder zentralperspektivisch auf den Augpunkt ausgerichtet, infolgedessen endet die Flucht der rechten Schattenkante abermals in A.

2. Die Ausrichtung des schattenwerfenden Objekts. Auf einen seiner perspektivischen Fluchtpunkte zielen auch die quer zum Lichteinfall verlaufenden Schattengrenzen.

3. Die Position der Lichtquelle. Dadurch wird der zweite Schattenfluchtpunkt bestimmt: beim Licht der Sonne liegt er genau senkrecht unter ihr beziehungsweise diametral zum Sonnenstand auf dem Haupthorizont – bei einer Lampe dort, wo die von ihr zu fällende Lotlinie auf die Standebene des Objekts trifft.

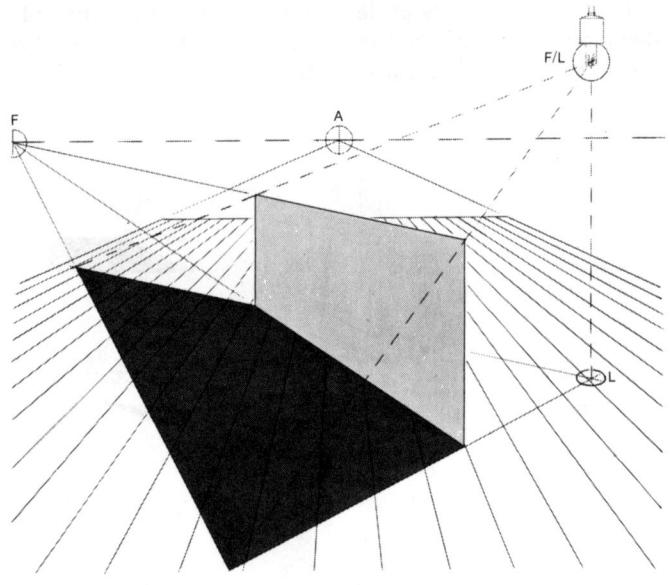

Schatten bei künstlichem Punktlicht (F/L). Die Fluchten der schattenwerfenden Fläche und die Flucht der linken Schattenkante führen zu Punkt F auf dem Horizont. Die Eckpunkte der beiden anderen Schattenkanten können sowohl mittels der Strahlentangenten gefunden werden als auch durch die Fluchten zum Punkt L auf der Standfläche senkrecht unter der Lichtquelle.

Die Darstellungen perspektivischer Schatten-Konstruktionen habe ich der Klarheit halber stark vereinfacht. Denn im Grunde genommen genügt es, wenn Sie sich das Zustandekommen der oft bizarren Schattenformen erklären können. Beim Zeichnen – nach der Natur und aus der Vorstellung – wäre es niemals Sinn der Sache, umständliche Konstruktionen auszuführen, nur im Zwei-

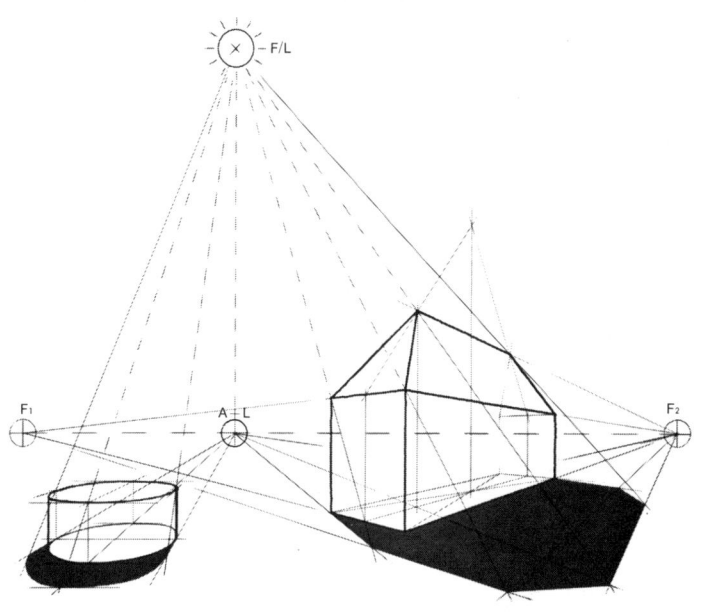

Walmdachhaus und Brunnen im Gegenlicht (die Sonne steht senkrecht über dem Augpunkt). Das übereck erscheinende Haus hat die Fluchtpunkte F_1 und F_2. Ein Kreis oder Rundkörper ist faktisch stets zentralperspektivisch aufzufassen (Fluchtpunkt = Augpunkt), da das Tangentenquadrat in beliebiger Stellung angenommen werden kann (im Gegensatz zum Tangentenrechteck der Ellipse). Die bizarre Form des Hausschattens ergibt sich einesteils aus den Fluchtpunkten des Baukörpers, anderenteils sowohl aus den Lichtstrahlen-Tangenten als auch aus Fluchten zum Horizontpunkt L senkrecht unter der Sonne, der hier mit dem Augpunkt identisch ist.

felsfall kann es förderlich sein, mit einigen Hilfslinien zu operieren.

Zu den von künstlichen Lichtquellen herrührenden Schlagschatten ist folgendes zu sagen: Wieder bedeutet die Konstruktionszeichnung nur eine Erläuterung des Prinzips, in der Praxis können Sie sich wohl ganz und gar mit genauer Beobachtung begnügen. Als »künstliche« Lichtquelle ist auch häufig der Einfall zerstreuten Tageslichts durch ein Fenster aufzufassen, denn wie Sie beim Hin- und Herrücken eines Gegenstandes in nicht unmittelbarer Fensternähe leicht feststellen können, geschieht der Lichteinfall von einem imaginären Punkt aus radial. Die Schlag-

57

schatten erscheinen in zerstreutem Licht auch nicht scharf begrenzt, sondern verlaufend – in welchem Grad, hängt von der Lichtintensität ab. Achten Sie bei der Wiedergabe darauf, daß die Verläufe flächenhaft wirken und nicht etwa den Eindruck von Rundungsschattierungen hervorrufen!

Deutlich abgegrenzt erscheinen dagegen Schlagschatten-Tonstufen, die von zwei oder mehr Lichtquellen herrühren. Jede verursacht dann ihren eigenen Schatten und dort, wo er andere überlagert, entsteht ein sehr dunkler Kernschatten. Seine Flächengrenzen gewinnen Sie am besten mit zwei entsprechenden Hilfslinien, und das gilt auch für den Verlauf der Unschärfen von mehrfachen Schatten aus zerstreutem Licht. Nicht selten bilden sich dabei fächerartig abgesetzte Tonstufen mit weichen, aber noch deutlich erkennbaren Kanten. Besonders eindrucksvoll erleben Sie solche Schatteneffekte in großen Räumen mit Pfeilerumgängen, die von zahlreichen Fenstern belichtet werden, zum Beispiel in Basiliken, vornehmlich aus der Barockzeit.

Architekturen

Wie Ihnen gewiß schon bei den Auseinandersetzungen mit der Linien- und Schattenperspektive klar wurde, finden beide ihre umfangreichste und eindrucksvollste praktische Anwendung beim Zeichnen von Architekturen. Das kann ein ebenso reizvolles Hobby werden wie die minuziöse Wiedergabe von Pflanzen, es ist jedoch wesentlich umfangreicher. Außerdem müssen Sie bei Architekturdarstellungen von Anfang an auf genaueste Maßverhältnisse und richtige Perspektive bedacht sein, sonst stimmt bald gar nichts mehr und Sie verlieren alle Lust.

Voraussetzung ist ferner einiges Verständnis für die Grundformen charakteristischer Bauteile und für eine Reihe allgemeingültiger Konstruktionsprinzipien. Dadurch lassen sich von vornherein manche Fehler vermeiden, die sonst erst allmählich erkannt werden. Außerdem offenbart bereits ein bescheidenes »Fachwissen« viel mehr von der Schönheit vornehmlich historischer Bauwerke. Sie aber verlocken wohl am ehesten zur zeichnerischen Skizze und Studie und meistens auch gleich zu einer ganz bestimmten Technik – es kommt darauf an, welche Einstellung Sie zu diesem oder jenem Bauwerk haben: sehen Sie es malerisch, so wird der breite, temperamentvolle Vortrag mit weichen Stiften oder lockerem Pinsel das Rechte sein. Genießen Sie mehr die präzise Konstruktion und das feine Detail, dann greifen Sie lieber zur Feder, zum Kugelschreiber oder zur harten, fein gespitzten Bleimine.

Von einem Architekturerlebnis haben Sie auf jeden Fall schon wesentlich mehr, wenn Sie es in ein paar Minuten mit flüchtigen Strichen festhalten. Zu einer umfangreichen, detaillierten Studie brauchen Sie natürlich Zeit, für einige meiner nicht einmal völlig ausgeführten Beispiele waren vier bis fünf Stunden nötig. Am besten ist es dann, in Raten zu arbeiten. Der lineare Aufbau des perspektivischen Gerüsts mit den wichtigsten Proportionen und Einteilungen erfordert höchste Konzentration, und wenn Sie

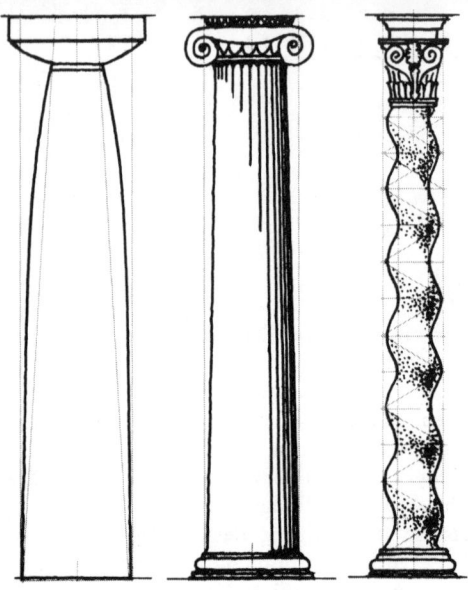

Links: frühe dorische Säule mit stark geschwelltem Schaft. Mitte: ionische Säule mit kanneliertem Schaft. Rechts: Barocksäule mit Schraubenschaft und antikisiertem (korinthischen) Kapitell.

das endlich geschafft haben, bringt Ihnen eine beschauliche Pause erst das rechte Vergnügen an der Sache. Das Durcharbeiten der Details ist dann schon genießerischer, besonders wenn Sie nicht zu viel des Guten tun. Ich habe meine Studien zwar vornehmlich deshalb nicht in allen Teilen zu Ende geführt, um Ihnen zu zeigen, wie anzufangen ist, meine aber, daß wesentlich mehr ohnehin kein Vorteil gewesen wäre. So werden Sie zum Beispiel bald merken, daß die ständige Wiederholung zahlreicher gleichartiger Details im allgemeinen wenig reizvoll wirkt. Lediglich einige, die nächsten und am besten erkennbaren, sollten genauer durchgezeichnet werden. Für alle weiteren genügen Andeutungen und schließlich nur noch Akzente, zumal wenn es sich um Reihungen handelt, die im perspektivischen Rhythmus immer undeutlicher erscheinen. Dennoch kann der Betrachter nachher den Eindruck haben, es fehle nicht die geringste Einzelheit. Beim bloßen Anschauen eines Bauwerks ist es ganz ähnlich: nur weniges behält man aus der monumentalen Gesamtform und Masse klar in Erinnerung.

Wenn Sie in diesem Bewußtsein anfangen, mehr weglassen als genau ausführen, sind Sie schon einen Riesenschritt voran. Beim Zeichnen von Architekturen werden Sie ebensowenig mit fotografischer Dokumentation konkurrieren können und wollen wie bei allem anderen »Abzeichnen«. Geben Sie lediglich wieder, was Sie beeindruckt, nicht mehr, nicht weniger. Sollte es so sein, daß Sie auf keine Einzelheit verzichten wollen, dann zeichnen oder malen Sie eben alles – wenn Sie so viel Atem und Geduld haben. Vor vielen Jahren kannte ich einen Maler, der jeden Ziegel, jeden Nagel, jedes verwitterte Fleckchen eines Bauwerks in langwieriger Kleinarbeit aneinanderfügte – liebevoll oder unerbittlich. Proportionen, Perspektive, Komposition waren ihm ziemlich gleichgültig. Und gerade diese gewisse Naivität seiner Auffassung hatte ihren sehr eigentümlichen Reiz . . .

Bei allen Architekturen der Vergangenheit bedeutet die Ausbildung der Stützglieder Säule und Pfeiler ein wesentliches Stilmerkmal. Beide besitzen ein verziertes Haupt oder »Kapitell«, häufig auch einen etwas einfacher ausgeführten Fuß. Während ein rechteckiger, profilierter oder runder Pfeilerschaft oben und unten gleichgroße Querschnitte hat, verjüngt sich der stets runde Säulenschaft nach oben hin, und zwar meist nicht geradlinig, sondern ein wenig »geschwellt«. Als Hilfsfigur zum Abschätzen der Verjüngung und Schwellung dient gegebenenfalls ein langes Rechteck. Neben glatten und kannelierten Säulenschäften, die es zu allen Zeiten gab, entstand lediglich zur Barockzeit eine Neuheit: der schraubenartig gewundene Schaft. Meist war er nur dekorative Attrappe, nicht statisch wirksames Stützglied.

Die antike ägyptische und griechische Baukunst kannte nur Balken aus Holz oder Stein zur gradlinigen Überbrückung von Öffnungen und Räumen. Indessen begannen die Römer bereits relativ früh mit fachgerechten Bogen und Wölbungen, und zwar in Form von exakten Halbkreisen. Alle echten Bogen und Wölbungen werden aus einzelnen, radial abgeschrägten Steinen zusammengesetzt. Sind die Steine sehr schmal (wie zum Beispiel Ziegel oder die plattenförmigen Fundsteine der Frühromantik), so genügt es, den Fugenmörtel konisch anzutragen. Die Bogensteine sitzen um so fester aneinander, je schwerer die aufliegenden Lasten sind. Besondere Bedeutung hat der »Schlußstein« im Bogenscheitel: wie ein Keil wird er zwischen die beiderseitigen Bogenhälften getrieben und preßt deren Steine dicht zusammen. (Deshalb gibt es in der Regel im Scheitel nie eine Fuge!) Die Römer haben den Schlußstein bei dekorativen Bauten häufig als größeren Keil hervorgehoben und verziert. Ebenso hielten sie es

Oben links: klassisch-römischer Rundbogen mit Schlußstein und Kämpfern; darunter: romanisches Portal, stufig nach innen abgeschrägt (unten Grundriß!). Oben rechts: Rundbogen-Tonnengewölbe; darunter: Rundbogen-Kreuzgewölbe (Schema).

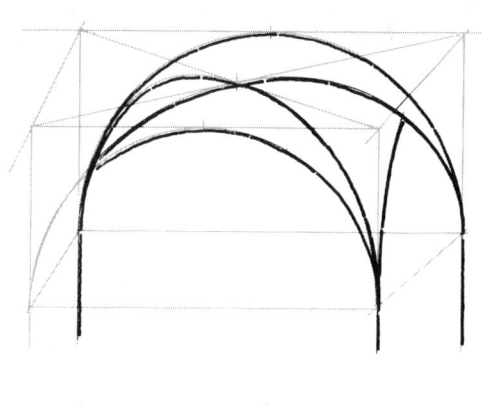

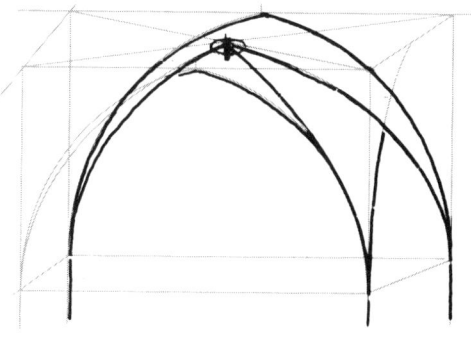

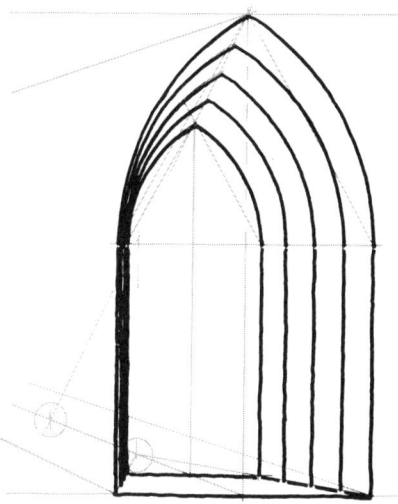

Oben: Rundbogen-
Kreuzgewölbe über
quadratischem
Grundriß. Mitte:
Spitzbogen-Kreuz-
gratgewölbe mit
Schlußstein über
quadratischem
Grundriß. Unten:
gotisches Portal mit
stufig nach innen
abgeschrägten «Ge-
wänden» und
Bogen. (Schema-
tische Aufrisse,
zentralperspekti-
visch gesehen.)

mit den Auflagern der Bogenbasen, den »Kämpfern«. Sie fungieren ähnlich wie Kapitelle, kragen also vor, während die stützenden »Gewände« senkrecht unter den inneren Bogenbasen ansetzen. Das gilt für alle Bogenarten. Ausnahmen sind selten und bautechnisch eigentlich falsch.

Nebeneinander gestellte, auf Säulen oder Pfeilern ruhende Bogenreihen heißen Arkaden. Werden Bogen gleichsam hintereinander aufgemauert, so entstehen sogenannte Tonnenwölbungen. Durchkreuzen sich zwei Tonnengewölbe – meist rechtwinklig, zuweilen auch etwas schiefwinklig –, so ergeben sich Kreuzgrat-Gewölbe. Sie brauchen nur noch an den vier Ecken aufzuliegen. Wenn Sie auf Rundbogen beruhen, bilden die Gratlinien Halbellipsen.

Da sich bei Kreuzwölbungen alle Lasten auf die Grate konzentrieren, entwickelten frühgotische Baumeister das Kreuzrippen-Gewölbe: Sie mauerten in Verlaufrichtung der Grate zunächst Bogenrippen auf und überwölbten die Zwischenräume lediglich mit raumabschließenden »Kappen« ohne tragende Funktion. Wollen Sie also irgendwelche Kreuzwölbungen zeichnen, so beginnen Sie am besten immer erst mit den Gratlinien, um sie dann gegebenenfalls zu verbreitern.

Auch der Spitzbogen, das unverwechselbare Wahrzeichen der Gotik, setzt sich stets aus exakten Kreisbogen zusammen. Viele wissen das nicht, und so habe ich manch geübten Zeichner beobachtet, der mit der Wiedergabe insbesonder perspektivisch gesehener Spitzbogen ganz und gar nicht zurechtkam. Während beim Rundbogen das zugehörige Halbquadrat als Hilfsfigur dient, gehen Sie beim Spitzbogen vom einbeschriebenen, gleichschenkeligen Dreieck aus. Beim »klassischen« hochgotischen Spitzbogen ist es noch regelmäßiger, nämlich gleichseitig.

Aus lauter Kreisbogen setzt sich auch das gotische Bauornament, das berühmte »Maßwerk« zusammen – unglaublich für den, der es nie nachkonstruiert hat, vor allem, wenn er das »Flammenmaßwerk« der Spätzeit betrachtet. Meine wenigen Beispiele geben nur einen bescheidenen Begriff vom phantastischen Spiel mit dem Zirkel. Er allein genügt zur Bildung selbst reichster Verästelungen(das Lineal ist nur eine vereinfachende Hilfe), denn alle geometrischen Örter für immer neue Zirkeleinsätze sind stets Schnittpunkte von Kreisbogen, deren Radien sich aus den verschiedensten, allmählich recht kompliziert werdenden Teilungen ergeben. Umschließender Zusammenhalt bleibt immer der Spitzbogen und Hilfsfigur das einbeschreibbare gleichschenklige Dreieck. Ihm paßt sich auch die Dachneigung an, was

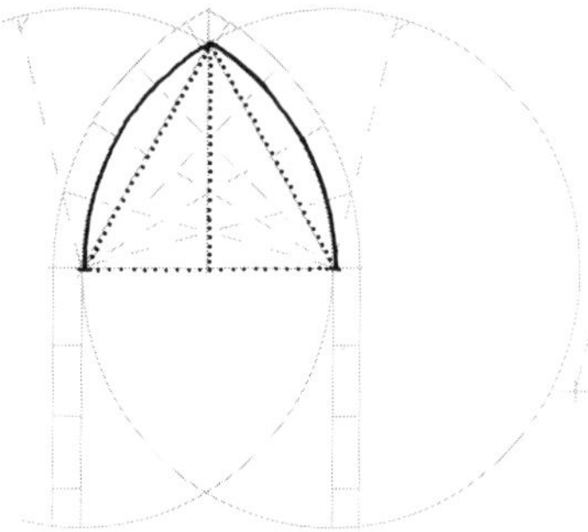

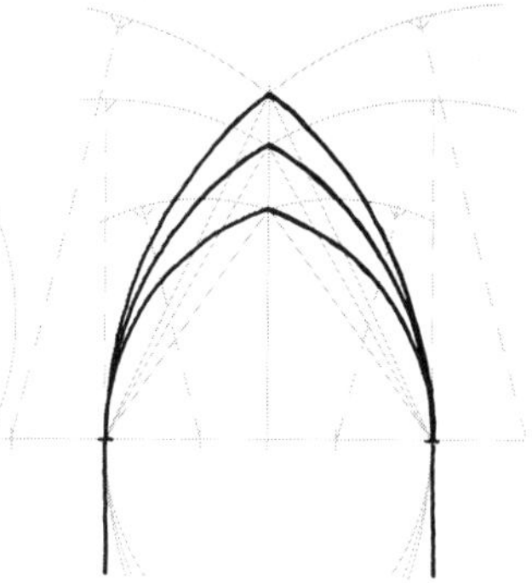

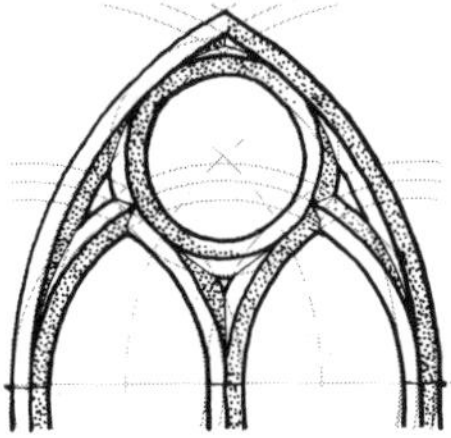

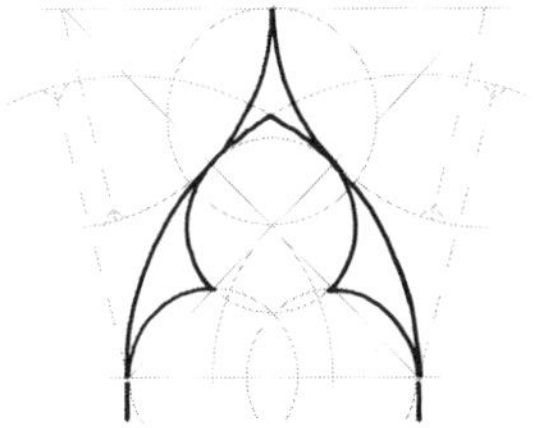

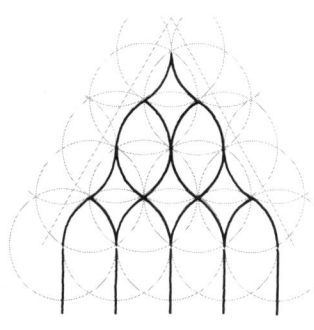

*Oben links: klassischer Spitz-
bogen (Innenfigur ein gleich-
seitiges Dreieck), bei allen
Spitzbogen verlaufen die
Bogenstein-Fugen radial zu
den beiden Zirkeleinsätzen.
Mitte links: Konstruktion des
einfachsten Maßwerks im
Spitzbogenfenster. Oben
rechts: Zirkeleinsätze zur
Konstruktion des überhöhten,
des klassischen und des
gedrückten Spitzbogens. Mitte
rechts: Konstruktion des spät-
gotischen Kiel-Spitzbogens
mit einfachem Maßwerk.
Unten links: Flammenmaß-
werk-Konstruktion.*

Die Königskathedrale in Reims (13. Jh.). Unvollendete Reise-studie mit Kugelschreiber und Aquarellpinsel (Paynesgrau).

besonders bei mit Maßwerk verzierten Giebeln deutlich zu erkennen ist. Das hochgotische Dach hat deshalb meist eine Neigung von 60 Grad, später, in Verbindung mit überhöhten Spitzbogen, kam es zu noch steileren Dächern, die dann weit höher wurden als die senkrechten Mauern.

Vom Beginn der Romanik bis über die Hochgotik hinaus wurden die Gewände von Fenstern und insbesondere von Portalen tief in die gewaltig dicken Mauern hinein abgeschrägt. Dadurch erscheinen die Öffnungen größer und auch nicht so höhlenartig bedrückend, der Lichteinfall ist ebenfalls günstiger. Um mit solch reich profilierten, oft ornamental und figürlich verzierten Gewänden zurechtzukommen, schätzen Sie am besten zuerst die Schrägungswinkel der Gewände- wie Bogenbasen und im Bogenscheitel ab.

Die Innen- wie Außenwände historischer Bauwerke sind niemals ganz glatt. Waagerechte Gesimse, Friese und Sockel gliedern sie ebenso wie senkrechte Säulen, Pfeiler, Pilaster oder Lisenen. Versuchen Sie immer zuerst, die Hauptfläche auf irgendeine Weise festzulegen, und davon ausgehend, das Ausmaß der Vor-

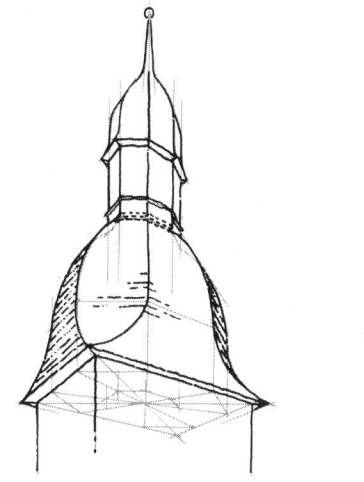
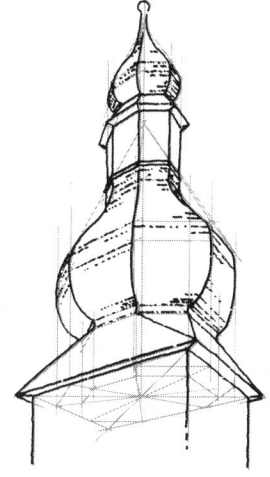

*Hilfs- oder Kontrollkonstruktionen bei geschwungenen Turm-
dächern mit Laternen. Links: Renaissancehelm. Rechts: Barock-
zwiebel.*

Wasserschloß Eicks / Eifel (E. 17. Jh.). Bleimine 4H und HB. Die Nachkonstruktion (unten) zeigt die wichtigsten Hilfslinien und Fluchtverläufe.

sprünge oder Einbuchtungen (Portale, Loggien, Fensterlaibungen) zu bestimmen. Diese Methode funktioniert nicht nur bei gradlinigen Mauern am besten, sondern auch bei gerundeten, wie sie im Barock und noch häufiger in dessen Spätzeit, dem Rokoko, vorkommen. Solche Mauern folgen, zumindest beim Innenraum-Grundriß, meist exakten Ellipsenbogen. Verlaufen die Außenmauern gleichzeitig gradlinig, so ergeben sich im Innern entweder ganz verschieden tiefe Fensternischen oder ineinandergreifende, ovale Säulenhallen mit schmalen Umgängen.

Helme und Zwiebeldächer von Türmen sind – zumal in perspektivischer Untersicht – sehr schwierig wiederzugeben, wenn man sich nur auf die unmittelbare Beobachtung verläßt. Wesentlich sicherer kommen Sie mit Hilfskonstruktionen voran, wie sie meine Beispiele zeigen. Zumindest sollten Sie öfter entsprechende Detailstudien zeichnen, um das Wesentliche vom Aufbau solch komplizierter Formen zu begreifen.

Die Wirkung der Gebäudefassaden wird sowohl von technischen wie ästhetischen Faktoren bestimmt. Fenster und Türen liegen normalerweise in durchlaufenden waagerechten und senkrechten Fluchten, also in einem Gitter von Hilfslinien, das auch perspektivisch sicher aufzureißen ist. Hinzu kommen plastische Gliederungen, von denen schon die Rede war und die ebenfalls in ein Netz aus Waagerechten und Senkrechten einzuspannen sind. Sie können sowohl technisch als auch nur dekorativ motiviert sein, und das gilt auch für die Struktur der Mauerung selbst. Sie ergibt sich aus den Farb- und Tonunterschieden der Natur- und Backsteine sowie aus dem Verlauf der Fugen. Die waagerechten laufen ganz oder teilweise durch, die senkrechten sind stets schichtweise »versetzt«: regelmäßig bei Ziegeln, bei älteren Haustein-Verbänden aber meist unregelmäßig, und die einzelnen Schichten haben auch verschiedene Höhenmaße.

Was schon bei der Betrachtung von Strukturen im allgemeinen gesagt wurde und im Zusammenhang mit der Wiedergabe vieler gleichartiger Bauglieder, gilt auch hier: Es wäre in den meisten Fällen sinnlos, jede Fuge und den Tonwert jedes einzelnen Steines zeichnen zu wollen. Im hellsten Licht wie tiefsten Schlagschatten verschwinden sie ohnehin, und so kann der Verlauf vom Genauesten zu verhauchenden Andeutung sehr sinnfällig die räumliche Tiefe interpretieren.

Das gilt natürlich auch für Mauerwerk mit reichem plastischen oder ähnlichen Zierat. Es genügt, mit einigen im Vordergrund liegenden Genauigkeiten den Anhalt zu geben, wie es weitergeht. Anders käme man auch kaum zurecht bei der Wiedergabe

einer mit Maßwerk völlig übersponnenen Fassade, mit den Tausenden von Bossen- und Diamantquadern eines Renaissance-
palastes. Aber es bleibt meist unerläßlich, die große architekto-

Fenster im Umgang der Wallfahrtskirche Zur Wies, Obb. (1745—54).
Studie mit Blei 4B.

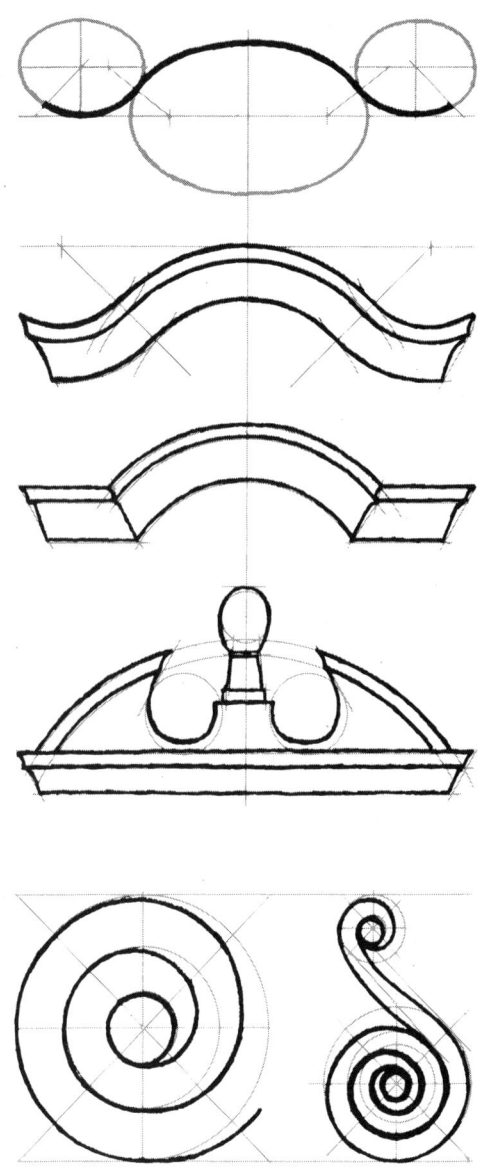

Geometrische Grundlagen einiger barocker Zierformen.

nische Silhouette und die Gliederung der Fassade festzuhalten. Erleichtert wird das durch die betonte Waagerechte und die Symmetrie der senkrechten Achsen: im gleichen Maß, in dem diese Gliederungen dichter zusammenlaufen und zarter zu zeichnen sind, verschwimmen auch die Details bis zur kaum noch wahrnehmbaren Andeutung. Bei der gotischen Fassade bilden die vielen Spitzen der Ziertürme (Fialen), der Giebel- und Zierdreiecke markanteste Akzente.

Ganz anders ist es beim Barock: die im Aufbau sehr wohl vorhandene Symmetrie ist nur noch Kompositionsgerüst, empfunden wird vielmehr der verwirrende Formenreichtum stark ausladender plastischer Teile mit ihren bizarren Untersichten und Überschneidungen. Es ist dann kaum noch zu erkennen, daß exakte Ellipsenbogen und daraus resultierende S-Schwingungen als Leitlinien dienen, die abbrechen und wieder einsetzen oder sich zu einem vielstreifig auf- und abwogenden Band vereinen. Meine einfachen Konstruktionsbeispiele dürften zeigen, wie eng die scheinbar aus freier Hand entworfenen barocken Schmuckelemente an geometrische Formen gebunden sind. Wirklich frei modelliert, wenn auch in Erinnerung an natürlich Gewachsenes, ist erst die Rokoko-Ornamentik. Es sind vor allem stilisierte Ranken, arrangiert um Andeutungen von Muschelwerk, dem »rocaille«, das der verspielten Epoche den Namen verlieh.

Rokoko-Ornament (Stabilostift).

Schon die Renaissance war im wesentlichen ein Konglomerat aus antiken Bauformen mit lediglich neuartig aufgemachtem Zierat. Nach dem Barock mit seiner pompösen Bauplastik über relativ einfachem, statisch wirksamem Kern, hat es bis zum Beginn unseres Jahrhunderts keine umwälzenden Stilerfindungen mehr gegeben. Sie entstanden erst, seit stahlbewehrter Beton vorher nicht denkbare Formen zuließ oder auch erzwang. Zweierlei ergab sich: Erstens die äußerste Rationalität anstrebende Konstruktion, etwa bei monumentalen Hallenbauten, die rechnerisch zum Kugelschalensegment und zu Kegelschnittformen führte (Ellipse, Parabel, Hyperbel). Zweitens die zunächst ganz willkürlich nach optischem oder plastischem Empfinden modellierte Form, die erst nachträglich ihre technische Verwirklichung durch die beinahe unbegrenzten Möglichkeiten der Stahlbetonkonstruktion erfährt. Ein typisches Beispiel gibt das Dach von Ronchamp, für das Le Corbusier eine leere Krabbenschale als »Modell« nahm. Auch L. P. Nervi ließ sich von Naturformen anregen, vor allem von Muschelschalen. Im Gegensatz zu Le Corbusier schuf er jedoch keine nur optischen, sondern konstruktive Nachbauten – ebenso sparsam, raffiniert und sicher, wie die Natur vorgeht.

Wallfahrtskirche Ronchamp/Vogesen (Le Corbusier, 1950–1954). Skizze mit weicher schwarzer Kreidemine.

Beide Arten könnten für den Architekturzeichner nicht minder reizvoll werden wie historische Bauwerke. Dagegen wirken die riesigen, glatten Hochhausquader, wie sie die Anhäufung vieler rechteckiger Räume erfordert, wohl nur in der Masse und als Kulisse oder Stimulanz von Großstadtromantik oder der Raumangst eines ameisenhaften Daseins. Und noch etwas: auch von modernen technischen Anlagen kann – nicht recht erklärlich – ein außerordentlicher Stimmungsgehalt ausgehen. Man spürt bei ihrem Anblick etwas Überwältigendes, manchmal Unheimliches, und wie einsam und sehnsüchtig wirkt eine weiträumige Landschaft, über die eine Hochspannungsleitung endlos dahinschwingt ...

Magie der Linie

Beim Zeichnen nach den bisherigen Anregungen haben Sie gewiß kaum mehr daran gedacht, daß die Linie in der Natur eigentlich gar nicht existiert, daß Sie mit ihr etwas Imaginäres wiedergeben. Das kommt Ihnen jedoch ständig zum Bewußtsein, wenn Sie versuchen, nur mit inneren Richtungszügen und Achsen Haltungs- und Bewegungsposen menschlicher Figuren zu fixieren, zuweilen auch von Tieren. Für solche Linien gibt es keinerlei direkt sichtbare Anhalte, sie werden ähnlich empfunden wie Bahnen, die eine gestikulierende Hand beschreibt. Innere Linien sind also nicht präzis festzulegen, jeder wird sie ein wenig anders sehen.

Mit ihnen sind, wie gesagt, nur Haltungen und Bewegungen »an sich« wiederzugeben, ohne jede Körperlichkeit. Sitzen die Linien jedoch absolut treffsicher, so genügen sie manchmal, um einen bestimmten Menschen unverwechselbar zu charakterisieren. Versuchen Sie zum Beispiel, die typische Gestik dieser oder jener bekannten Persönlichkeit mit einigen Strichen einzufangen (die bequemste Studienmöglichkeit bietet Ihnen das Fernsehen), so können Sie mit der Zeit dahin kommen, daß Ihre Freunde sogleich erkennen, wer gemeint ist, besonders wenn Sie noch einige physiognomische oder mimische Merkmale andeuten.

Um Sie bei Ihren ersten Linienstudien gleich auf einen rechten Weg zu bringen, will ich einige Hinweise geben, manche davon könnte man auch einfache, erprobte Tricks nennen. Im Prinzip wird man von Mittellinien oder Achsen sowohl der ganzen Figur als auch des Rumpfes und seiner Glieder ausgehen. Es wäre aber zu einseitig, daraus ein starres Schema zu machen. Häufig ist es sinnvoller, die wesentlichen Bewegungszüge zu erfassen, eindringlich hervorzuheben, was straff, gewichtig, gespannt ist – im Gegensatz zum Lockeren, Spielerischen, Latenten. Dabei werden Sie bemerken: glatte Schwünge und Geraden drücken immer einen festen Stand oder kraftvolle Dynamik aus; gebrochene

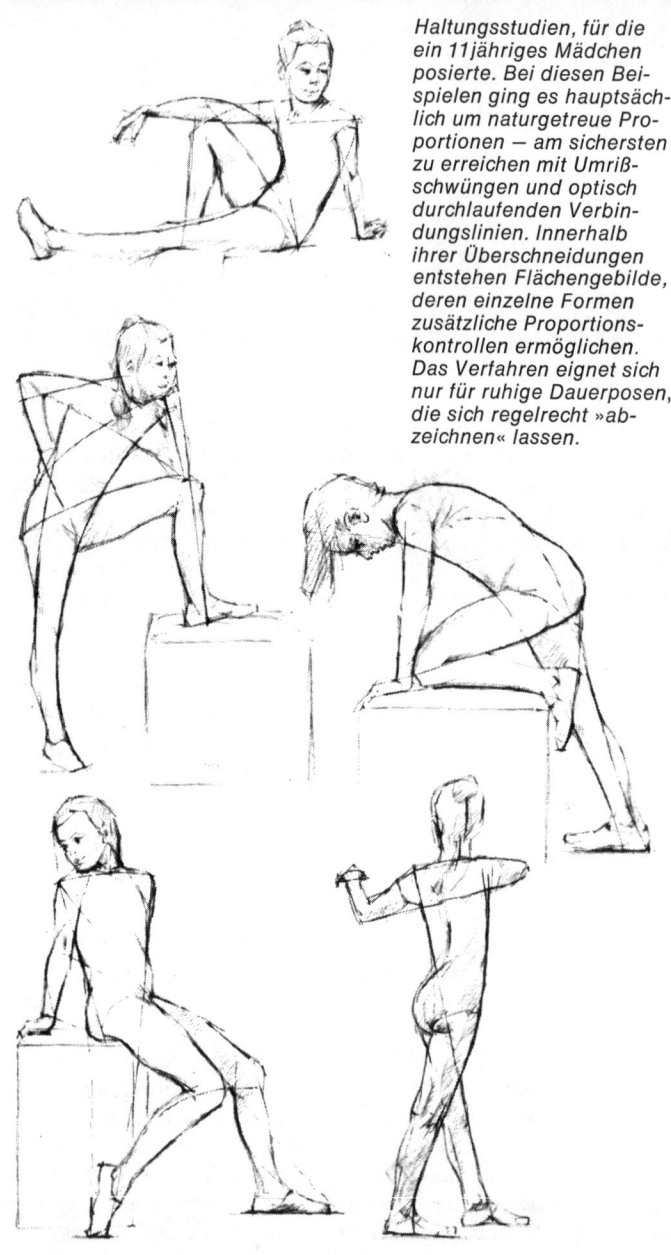

Haltungsstudien, für die ein 11jähriges Mädchen posierte. Bei diesen Beispielen ging es hauptsächlich um naturgetreue Proportionen — am sichersten zu erreichen mit Umrißschwüngen und optisch durchlaufenden Verbindungslinien. Innerhalb ihrer Überschneidungen entstehen Flächengebilde, deren einzelne Formen zusätzliche Proportionskontrollen ermöglichen. Das Verfahren eignet sich nur für ruhige Dauerposen, die sich regelrecht »abzeichnen« lassen.

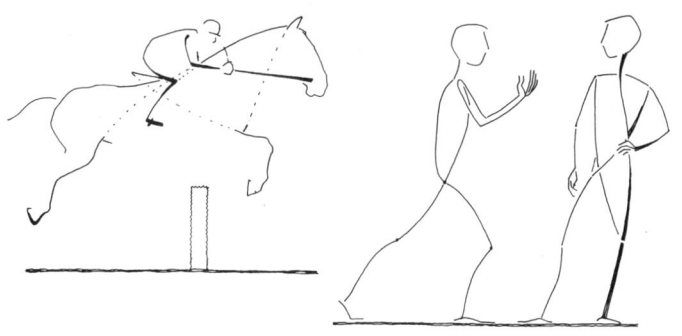

Links: Haltung und Bewegung von Tieren sind meist nur durch
Teilkonturen wiederzugeben. Den Sitz des Reiters charakterisiert
ebenfalls am besten der Silhouettenumriß. Beim Pferd wirkt in
dieser Phase des Sprunges noch die abstoßende Kraft der Hinterhand, während der Reiter dem Tier durch Zügelung eine gewisse
Stütze gibt und selbst lediglich über Steigbügel und Knieschluß
Halt findet — dementsprechend die Linien-Verdickungen. (Im
nächsten Sekundenbruchteil wäre die Situation wesentlich anders!)
Rechts: Bei der flehentlich bittenden Figur gibt es keine eigentliche Kräftekonzentration; die andere Figur in »Kontrapost«-
Haltung versteift sich gegen das Bitten (fest aufgesetztes Standbein, Einknicken der Taille, Starre des Nackens).

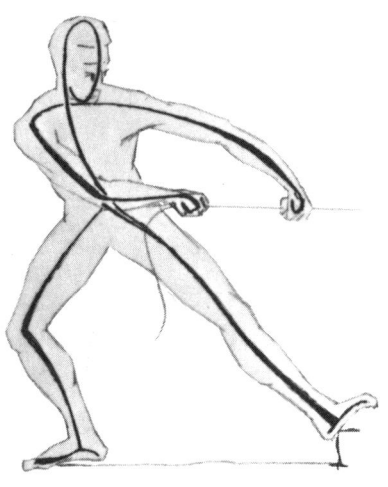

Arbeiter-Skizze, die an- und abschwellenden Linien deuten die
optisch empfundene Kräftekonzentration an.

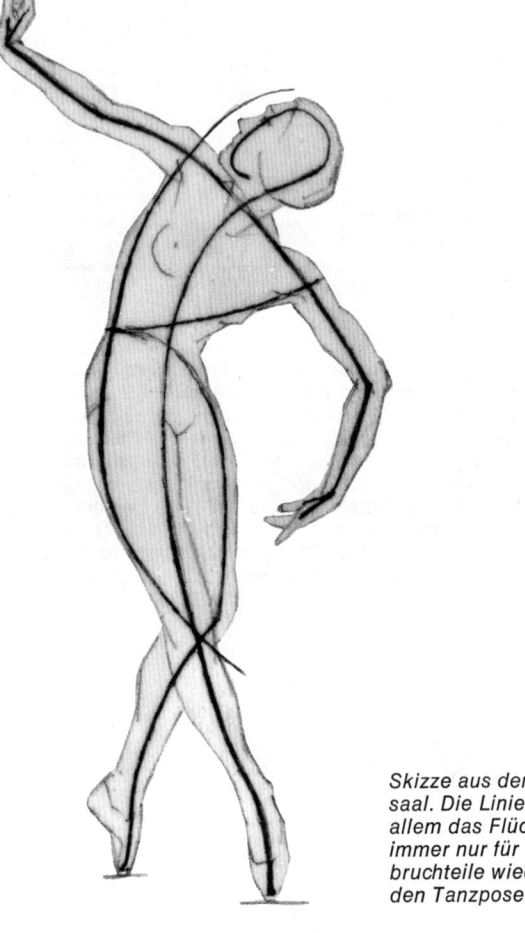

Skizze aus dem Ballett-saal. Die Linien sollen vor allem das Flüchtige der immer nur für Sekunden-bruchteile wiederkehren-den Tanzpose festhalten.

Linien oder mehrfach wechselnde Schwünge wirken anmutig, un-bestimmt; die Bewegung richtet sich weniger nach außen, sie bleibt eher ein in sich ablaufendes Spiel.

Diese Gegensätze können noch betont werden durch unterschied-liche Strichstärken. Enden sie verdickt und abrupt auf der Stand-linie, so empfindet man ein gewolltes Behaupten der Position. Enden sie dünn, spitz oder verlaufend, so interpretieren sie die Haltung eines flüchtigen Augenblicks oder eine im Fluß befindliche Bewegung. Ein Laufender mit ganz aufgesetzten Fußsohlen wirkt grotesk wie ein angehaltener Filmausschnitt oder einfach falsch. Erst wenn die Ferse, der Fuß oder das ganze Bein angehoben wiedergegeben wird, kommt es zur Illusion einer stetig ablaufenden Bewegung.

Abgesehen von solchen Einzelheiten muß das ganze Liniengebäude harmonisch erscheinen: stabil, wenn Ruhe und Standfestigkeit gemeint sind; labil, wenn die Figur in aktiver Bewegung ist. Indifferenz der Haltung kann Unentschlossenheit, Zögern oder eine eben beginnende Bewegung in noch unbekannter Richtung ausdrücken.

Solche Erfahrungsregeln sollen ebenfalls nicht als unwiderrufliches Rezept genommen werden: Abweichungen und Gegensätzliches können zuweilen innere Widersprüche andeuten, etwa,

Gleiche Haltung in einer Bewegung mit verschiedener, jeweils aus der Mimik hervorgehender Bedeutung. Links: Der Fischerbub freut sich, weil er einen Fang an der Angelschnur hat. Rechts: Die Schnur ist ihm entglitten und wütend wirft er einen Stein hinterdrein.

daß die Ruhe nur vorgetäuscht, der Bewegungsansatz nur Schein ist, weil die Figur gar nicht von der Stelle will oder kann. Nehmen Sie meine Hinweise lediglich als Anregung für eigene Beobachtungen und Entdeckungen, ausgedrückt durch lineare Akzente, die Ihnen überzeugend erscheinen und sehr wohl anders sein können als bei meinen Beispielen.

Der Kopf einer Figur wird im allgemeinen nicht durch eine Achse anzudeuten sein, sondern durch ein Oval, das die Kopfhaltung beschreibt. Ist jedoch die Mimik des Gesichts entscheidend, so kann man sich auf einzelne Merkmale beschränken: auf die Blickrichtung der Augen, die Biegung des Mundes, eine bestimmte Runzelung der Stirn – es gibt so unendlich viele Möglichkeiten, und ich möchte gerade in dieser Hinsicht Ihrer Phantasie und Entdeckerfreude nicht vorgreifen. Es genügt wohl, mit einem Beispiel zu beweisen, daß durch veränderte Mimik derselben Linienfigur die verschiedensten Gemütsbewegungen eingegeben werden können.

Wie Sie sehen, ist eine bestimmte Mimik ebenfalls durch wenige, relativ primitive Linien zu verdeutlichen, durch Punkte oder bestimmt geformte Fleckchen für den Blick. Anders verhält es sich mit der Physiognomie. Im Gegensatz zu ständig wechselnder Mimik verlangt sie Linien, die mindestens einen bestimmten Typ charakterisieren oder gar schon zur Porträtähnlichkeit führen. Vom spezifischen Fall der Karikatur abgesehen, haben allzu bestimmte physiognomische Andeutungen schon nichts mehr mit einer Linienmagie zu tun, die lediglich darauf abzielt, Einbildungskräfte zu aktivieren.

Plastische Anatomie
des Menschen

Beim Erfassen von Haltungs- und Bewegungsposen und der Charakterisierung des Gesichtsausdrucks allein durch Linienschwünge und lineare Akzente spielen natürliche Formen und Maße des Körpers kaum eine Rolle. Wenn jedoch Linienfiguren nur das anfängliche Gerüst für naturgetreuere Schilderungen bilden, so müssen Längen- und Breitenmaße des Körpers von Anfang an berücksichtigt werden. Das soll nicht heißen, normale Proportionen seien unter allen Umständen einzuhalten! Künstlerische Interpretationen entstehen vorwiegend durch Hervorheben und Steigern spezifischer Ausdrucksmerkmale, und das bedeutet meistens ein bewußtes Abweichen von der Norm. Zielbewußt, mit bestimmter Absicht, ist das nur möglich, wenn man über die natürlichen Gegebenheiten genau genug Bescheid weiß. Solche Kenntnisse gehören also unbedingt zum Handwerk des bildenden Künstlers – ganz gleich, welche geistige Richtung er verfolgt.

Mit der Proportionslehre beginnt bereits die Auseinandersetzung mit der plastischen Anatomie des Menschen. Seine Maßverhältnisse hängen in erster Linie vom Knochengerüst, vom Skelett ab. Es bestimmt unabänderlich die Längenmaße der ganzen Figur wie all ihrer Teile im einzelnen. Ihre Umfänge – für den Maler und Zeichner also die Breitenmaße – hängen dagegen nicht nur vom Skelettbau, sondern oft vielmehr von der jeweiligen Konstitution ab, von der Stärke der Muskulatur und des Fettansatzes. Wenn ein völlig erwachsener junger Mensch allmählich »in die Breite geht«, so verändert sich dabei das Skelett praktisch überhaupt nicht. Das darf man nicht vergessen, etwa wenn man den Akt eines sehr dicken Menschen richtig wiedergeben will: die Formen seiner Schultern sehen beispielsweise völlig anders aus als die eines Mageren mit gleichartig gebautem Schulterskelett.

Bereits im frühen Altertum wurden im großen und ganzen noch heute gültige Gesetzmäßigkeiten des menschlichen Körperbaues

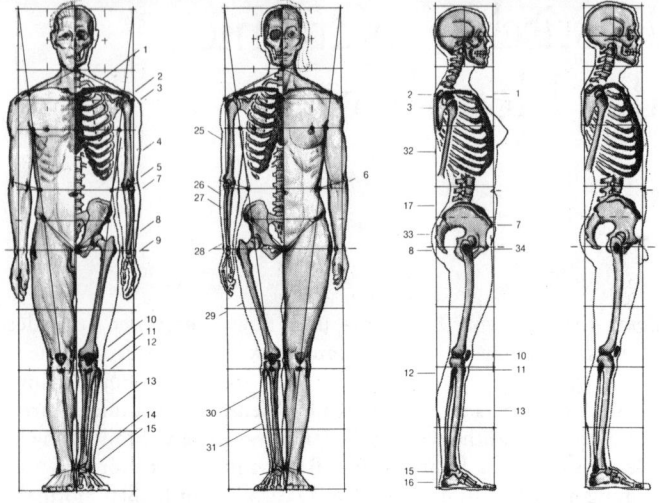

Übersicht über das männliche und weibliche Skelett und dessen am Lebenden sichtbare oder fühlbare Teile.

1 Halsgrube, Ansatz des Schlüssel- und Brustbeins, dieses oft in ganzer Länge sichtbar, darunter die Magengrube
2 Schulterhöhe, Oberarm-Gelenkpfannen-Fortsatz des Schulterblattes
  1–2 Schlüsselbein
3 Oberarmbeinkopf
4 unterer Rippenbogen des Brustkorbes
5 innerer und äußerer Höcker des Ellengelenks, die Ver-

bindungslinie steigt nach außen an
6 Ellengelenk-Grube
7 vorderer Darmbeinhöcker
8 Rollhügel des Oberschenkelbeins
9 Handwurzel
10 Kniescheibe
11 Schienbeinhöcker
12 Wadenbeinkopf
13 Schienbeinkante
14 Schienbein-Knöchel
15 Wadenbein-Knöchel

entdeckt, sie beruhen auf dem »Goldenen Schnitt«. Gemeint ist damit zunächst die Teilung einer gegebenen Strecke (G) derart, daß deren Gesamtlänge sich zum größeren Teilstück (T) so verhält, wie dessen Länge zu der des kleineren Teilstückes (t), also G : T = T : t. Exakt ist diese Teilung nur konstruktiv möglich, und aus dieser Konstruktion läßt sich rechnerisch der Koeffizient 0,618.. herleiten, der eine annähernd genaue Teilung ermög-

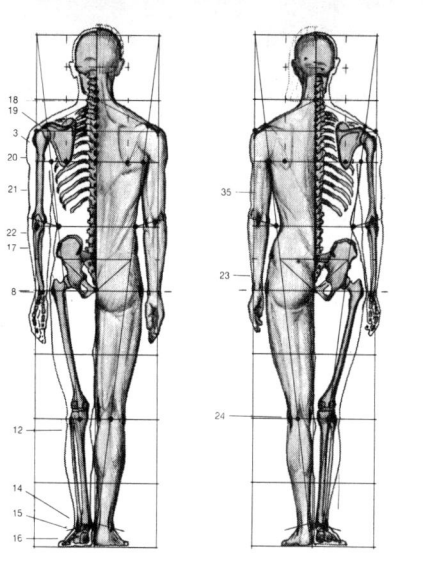
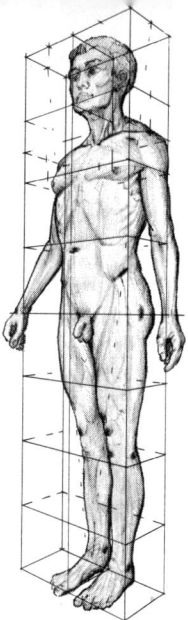

Rechts: Perspektivische Darstellung des männlichen Körpers,
einbeschrieben in die 16 Proportionswürfel.

14–15 Verbindungslinie fällt
  schräg nach außen ab
16 Ferse, Fersenbein
17 seitlicher Beckenrand,
  darüber die Taille
18 Halswirbelfortsätze (7)
19 Gräte des Schulterblattes
20 Schulterblatt, zeichnet sich
  oft vollständig ab
21 Brust- und Lendenwirbel-
  fortsätze (12 und 5)
22 Ellenbogenhöcker
23 Kreuzbeingrübchen
24 Kniekehle

25 Oberarmbein
26 Elle
27 Speiche
28 Becken
29 Oberschenkelbein
30 Schienbein
31 Wadenbein
32 Brustkorb
33 Kreuzbein
34 Schambein
35 Wirbelsäule, bestehend aus
  Hals-, Brust-, Lenden- und
  Kreuzbeinwirbeln

licht. Weitere Näherungswerte gehen aus der »Lameschen Reihe«
hervor. Sie entsteht durch Addition, beginnend mit $0 + 1$ und
fortlaufend der benachbarten Resultate $1 + 1 = 2$, $2 + 1 = 3$,
$3 + 2 = 5$, $5 + 3 = 8$ usw. Daraus ergeben sich Verhältniszahlen
des Goldenen Schnitts, die mit steigenden Werten zunehmend
genauer werden: $2 : 3$, $3 : 5$, $5 : 8$, $8 : 13$ usf. Für die Praxis des
Freihandzeichners reicht das Teilungsverhältnis $5 : 8$ schon völ-

lig aus. Die Gesamthöhe einer Figur ist dann in acht gleiche Abschnitte zu teilen und, wie Sie wissen, gelingt das ohne weiteres nach Augenmaß durch mehrfaches Halbieren.

Die Achtelteilung führt zu einem sehr einfachen Proportionsgerüst, bestehend aus 16 Quadraten oder – plastisch aufgefaßt – aus ebensovielen Würfeln. Wie die Schemazeichnungen zeigen, werden die wichtigsten, am Körper leicht erkennbaren Proportionspunkte sowohl durch waagerechte Teilungslinien markiert als auch durch Diagonalen der beiden senkrechten Quadratreihen. Daraus wiederum ergeben sich als wichtige Hilfsfiguren die Schulter- und Beckendreiecke.

Die erste Teilung der Gesamthöhe im Verhältnis 5 : 3 müßte eigentlich den Nabel treffen, er ist jedoch knapp unter der entsprechenden Proportionslinie einzuzeichnen. Das beweist eine vergleichende Näherungsrechnung mit dem Koeffizienten 0,618.., wobei ich eine dem Durchschnitt etwa entsprechende Körpergröße von 176 = 8 × 22 cm annehme:

I. $176 \times 0,618 = 108,768$ cm;

$$II. \quad \frac{176}{8} \times 5 = 110 \text{ cm};$$

die Höhe I ist also um rund 1,2 cm geringer als die Höhe II. Diese Differenz – gut $\frac{1}{20}$ der Achtelteilung – ist praktisch die einzige, die nach Augenmaß stets zu korrigieren wäre.

Wie Sie bemerken, habe ich die Kopfhöhe der männlichen Figur (von Kinn bis Scheitel, ohne Haarwuchs und frontalflächig gesehen) geringfügig größer als $\frac{1}{8}$ eingetragen. So entspricht es meist einem mitteleuropäischen Durchschnitt. Rundschädel sind jedoch niedriger, sehr schmale manchmal noch höher. Die Kopfproportionen (und oft auch die Halslänge) bestimmen im übrigen weitgehend den optischen Eindruck der Statur. Ein im Verhältnis zur Gesamtlänge kleiner Kopf auf schlankem Hals verursacht den Eindruck einer hochgewachsenen Person; ein relativ großer Kopf auf kurzem, breitem Hals läßt die Gestalt unwillkürlich gedrungen erscheinen – oder kindlich, zumal wenn der Hals dünn ist und die Beine relativ kurz sind. Denn der Kopf hat bei der Geburt schon fast die Hälfte seiner endgültigen Höhe, während die Beine allmählich etwa das Vierfache ihrer ursprünglichen Länge erreichen. Das Proportionsgerüst ist also für Kinder und Jugendliche nicht zutreffend, es gibt für keine Altersstufe halbwegs gültige Normen, weil das Wachstum zu individuell abläuft.

Normalerweise stehen alle Teile des menschlichen Körpers in formaler Harmonie zur Gesamterscheinung. Ein hohes; schmales Skelett setzt sich aus relativ schlanken Knochen zusammen. Bei den Wirbeln wirkt sich das beispielsweise in einem auffallend langen Hals aus, Hände und Füße haben schmale Formen, die Gelenke wirken relativ zart. Bei untersetzten Gestalten sehen Sie in allem das Gegenteil und oft beginnt bei ihnen der Beinansatz erst unterhalb der Körpermitte. Gewöhnlich harmoniert mit der Skelettanlage auch die Weichteilplastik, falls es nicht durch extreme Lebensweise zu übermäßiger Muskelausbildung oder starkem Fettansatz gekommen ist. Asketische Magerkeit wirkt meist nur bei untersetzter Skelettanlage disharmonisch.

Während die Ausbildung der Muskeln und des Fettansatzes im Lauf des Lebens in hohem Maß variabel bleibt, weil sie von den jeweiligen Daseinsbedingungen abhängt, trifft das, wie gesagt, für das Skelett eines Erwachsenen nicht zu. Anders verhält es sich, wenn schon im Kindesalter durch einseitige, drastische Überbeanspruchung Teilveränderungen entstehen, die zu einer bleibenden Disharmonie führen. Ein augenfälliges Beispiel sah ich bei einer jungen Frau, einem zierlichen, durchaus wohlproportionierten Geschöpf: Ihre Hände waren grobe, plumpe Greifwerkzeuge und bildeten unter anderem den stärksten Gegensatz zu ihren schmalen, feingliederigen Füßen. Erklärlich fand ich das erst, als ich erfuhr, daß tragische Umstände sie gezwungen hatten, schon mit knapp sechs Jahren bis zum Ende der Schulzeit bei schwerer Handarbeit zu helfen.

Von allen Körperteilen ist die Hand zu den weitaus stärksten Formveränderungen fähig – kein Wunder, denn ihr Skelett besteht aus 27 Knochen, die alle mehr oder weniger beweglich miteinander verbunden sind (im Gegensatz zu den in ein Ganzes verwachsenen Knochen des Schädels und Beckens), gesteuert durch einen höchst komplizierten Muskel- und Sehnenapparat. Eingehende anatomische Kenntnisse helfen bei der Wiedergabe von Handbewegungen jedoch wenig, um so wichtiger ist die genaue Beobachtung der äußeren Erscheinungsformen. Seltsamerweise drücken sich davor viele, insbesondere moderne Künstler. Achten Sie gelegentlich darauf: So manche Hand wirkt, als habe eine alberne Schaufensterpuppe Modell gestanden. Dabei bietet sich ein ständig greifbares lebendes Modell, nämlich Ihre linke Hand! Und wenn Sie auf Transparentpapier zeichnen, haben Sie – von der Rückseite betrachtet – das Bild der rechten.

Zum Verständnis der so unendlich fein nuancierbaren Handbewegungen gelangen Sie auch dadurch, daß Sie versuchen, die einzelnen Teile als geometrische Formen aufzufassen, die lediglich eine technische Funktion erfüllen. Wenn es auch nicht immer notwendig ist, Hände bis ins letzte Detail durchzuzeichnen, zum Beispiel bei einer Aktstudie, sollten doch wenigstens die Proportionen und die Gestik treffsicher angedeutet werden.

Ähnliches gilt für die Füße. Äußerlich betrachtet, scheinen sie einfacher gebildet als die Hände, und gerade das verführt zu unverzeihlicher Nachlässigkeit. Es mag zunächst langweilig erscheinen, »nur« Füße in den verschiedenen Posen zu zeichnen, aber Sie brauchen auch dazu nicht unbedingt gleich ein Modell. Versuchen Sie, Ihre eigenen Füße nach einem geschickt aufge-

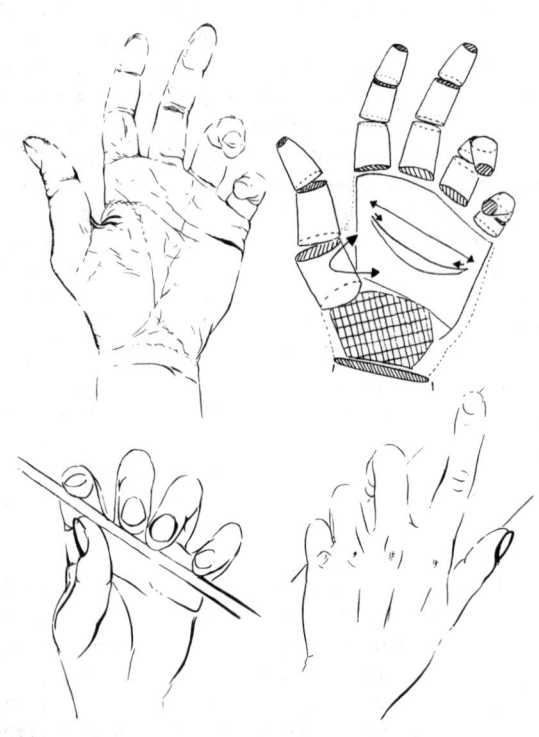

*Studien nach meiner linken Hand (Pinsel und Deckschwarz).
Die Skizze rechts oben zeigt, wie die Fingerglieder als Kegel-
stümpfe aufgefaßt werden können, während die Mittelhand eine
elastische, leicht nach innen einzuwölbende Platte bildet. Die
Handwurzel kann als starres Gebilde angesehen werden.*

stellten Spiegel zu zeichnen. Haben Sie das erst ein paarmal getan, bringen Sie es nie mehr über sich, ebenso zu pfuschen wie manch anderer. Doch zurück zu allgemeineren Betrachtungen!

Die als starre Gebilde zu betrachtenden Knochen des Skeletts sind größtenteils durch verschiedenartige Gelenke beweglich miteinander verbunden. Für bildliche Darstellungen des Körpers ist allein die Funktionsart der Gelenke wichtig, ihre Formen sind äußerlich nicht zu erkennen. Am präzisesten ausgebildet sind die Scharnier- und Kugelgelenke. Scharniergelenke – ähnlich denen einer Tür – erlauben Bewegungen in nur einer Ebene (Ellbogen, Knie, äußere Finger- und Zehenglieder). Kugelgelenke (Schulter, Hüfte) lassen einen Kegel beschreibende Rotation zu. Außerdem gibt es noch zahlreiche Fasergelenke, die ähnlich rotieren können wie Kugelgelenke, allerdings in wesentlich beschränkterem Umfang. Bei der Wirbelsäule addiert sich indessen die Beweglichkeit der vielen einzelnen, faserig verbundenen Knochenteile und elastischen Knorpelscheiben derart, daß weit ausladende Rotationen, Verwindungen und Biegungen des Rückgrats möglich werden. Daran beteiligt sind die Wirbel des Halses, der Brust mit ihrem elastischen Rippenkorb und die Lendenwirbel. Bei starken Wendungen, zum Beispiel allein schon des Kopfes, dreht sich nicht nur der Hals, sondern unwillkürlich auch die Schulterpartie beziehungsweise die Brust- und Lendenwirbelsäule. Überhaupt wird bei den meisten Bewegungen nicht nur ein einziges Gelenk in Tätigkeit gesetzt. Häufig kommt es zu Kettenreaktionen, um den nötigen Gewichtsausgleich für eine sichere Statik oder fließende Bewegungen zu erreichen.

Gelenke werden durch Muskeln bewegt, die mit festen Sehnen an den Knochen angewachsen sind. Ein Muskel kann immer nur ziehen, indem er sich verkürzt und seine Masse dabei aufbuckelt. Aktive, Kraft entwickelnde Ausdehnung gibt es nicht. Druck oder Stoß, zum Beispiel der Arme und Beine, entsteht allein durch Zug: stößt die Faust eines Boxers zu, so geschieht das durch Verkürzung hauptsächlich des dreiköpfigen Muskels (Trizeps) auf der Oberarmrückseite; wird der Arm wieder angewinkelt, so besorgt das vornehmlich der zweiköpfige Muskel (Bizeps) auf der Oberarmvorderseite. Die beiden Muskelpartien sind also Gegenspieler (Antagonisten) und ebenso verhält es sich mit allen anderen Muskeln: jeder hat einen oder auch mehrere Gegenspieler. Erst durch ihre wechselseitige Wirkung kommt es zu aktiver Kraftentwicklung und wiederholbarer Bewegung. Bei einigen Muskeln treten im angespannten Zustand die dazugehörigen, manchmal sehr langen Sehnen deutlich hervor. Sie fühlen sich dann »knochenhart« an (Halsvorderseite, innerer Unterarm, Fuß) und der Anfänger verwechselt sie manchmal mit Skeletteilen, die jedoch bei Menschen mit nicht übermäßigem Unterhautfettgewebe stets, also unabhängig von der Muskeltätigkeit in Erscheinung treten.

Bei wachen Menschen und Tieren befinden sich fast alle Muskeln, auch wenn sie nicht aktiv tätig sind, in einer unwillkürlichen, leicht vibrierenden Spannung. Man nennt diesen Zustand »Tonus«. Es kostet einige Willenskraft, diese Spannung willkürlich abzustellen, zum Beispiel bei gymnastischen Lockerungsübungen (Baumeln der Arme und Beine, des Kopfes). Der Tonus bestimmt wesentlich die gesamte äußere Erscheinung: je aktiver er ist, desto lebhafter und tatkräftiger wirkt der Mensch. Bei sehr alten oder kranken Menschen und Tieren läßt er nach, sie wirken schlaff und müde. Nur bei Ohnmacht und tiefem Schlaf hört der Tonus praktisch ganz auf und selbst ein sehr muskulöser, jugendlicher Körper wirkt dann relativ weich. Ein nach

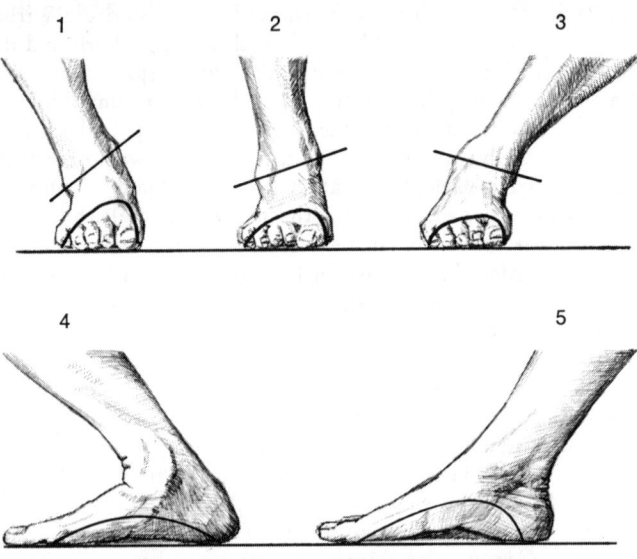

1 = Neigung des Unterschenkels nach außen, die Querwölbung des Fußes steigt an, 2 = Situation bei normalem aufrechten Stand, 3 = Neigung des Unterschenkels nach innen, die Querwölbung des Fußes flacht sich ab, 4 = Abflachung der Längswölbung bei nach vorn geneigtem Unterschenkel, 5 = Ansteigen der Längswölbung bei nach hinten geneigtem Unterschenkel.

der Natur dargestellter »schlafender Akt« wird also nur dann überzeugend gelingen, wenn Sie das Modell dazu bringen, sich völlig zu entspannen.

Die Oberflächenplastik des menschlichen Körpers setzt sich also aus Muskeln, hier und da zutage tretenden Skeletteilen und Sehnensträngen zusammen. Die Haut umspannt dies alles und nivelliert die einzelnen plastischen Buckel und Vertiefungen mehr oder weniger zu größeren, zusammenfließenden Rundungen – je nachdem, ob die Muskulatur stark oder schwach, ob geringes oder üppiges Fettgewebe vorhanden ist.

Die proportionalen Unterschiede des männlichen und weiblichen Körpers wurden bereits behandelt, die formalen beruhen vornehmlich auf dem normalerweise stärkeren Unterhautfettgewebe des weiblichen Körpers, sie lassen ihn glatter, runder, weicher erscheinen. Dadurch und im Zusammenhang mit funktionalen Eigenarten, ergeben sich einige plastische, spezifisch weibliche Merkmale: die Bauchwölbung beginnt unterhalb des Nabels mit einer kleinen Welle; an der Gesäßpartie mit ihrem besonders ausgeprägten Fettgewebe erscheinen »Kreuzbeingrübchen«, die bei Männern selten zu sehen sind. Die Brüste bestehen hauptsächlich aus Drüsengewebe von so individuellen Formen, daß eine Norm schwerlich anzugeben ist – es sei denn, man richtet sich nach dem gerade gängigen Schönheitsideal. In den zwanziger Jahren unseres Jahrhunderts war es die flache »Uhrglaswölbung«, seither wird meist ein übertrieben üppiger Busen bewundert – ähnlich wie in der Barockzeit. Gotische Statuen zeigen durchweg kleine, spitze Jungmädchenbrüste, die biologische Idealform der weiblichen Brust ist wohl am ehesten bei antiken Frauenplastiken zu sehen.

Am lebenden Modell sind einzelne Muskelpartien meist nur dann klar zu identifizieren, wenn sie aktiv tätig sind. Das geschieht gewöhnlich einseitig. Gleichzeitig werden Antagonisten jedoch angespannt, um Gelenke mitten im möglichen Bewegungsraum zu fixieren: beim Stehen müssen beispielsweise nicht nur die Hüftbeuger und -strecker gleichzeitig arbeiten, um die aufrechte Haltung zu sichern, auch ein großer Teil der beiderseitigen Bein- und Rumpfmuskulatur hat daran Anteil. Allerdings ist die gesamte Muskeltätigkeit bei solch ruhender Pose noch relativ gering, nur wenig stärker als die des Tonus bei entspanntem Sitzen oder Liegen. Am kräftigsten wird die gleichzeitige Anspannung von Antagonisten sichtbar beim Auffangen einer schwankenden Bewegung.

Aktzeichnen

Ein Körper in aufrechter Grundhaltung wird höchstens als anatomisches Studienobjekt zum Zeichnen verlocken, zu Darstellungen mit bestimmten Ausdrucksabsichten regen bewegte Posen weit mehr an. In vieler Hinsicht am ergiebigsten sind in sich ablaufende, weniger die nach außen gerichteten und im stetigen Fluß befindlichen Bewegungen. Sie wirken wie ein angehaltener Film und bei längerer Betrachtung unerträglich bis zur Lächerlichkeit.

Bereits im griechischen Altertum fanden – soweit wir an erhaltenen Werken sehen – zumindest die Bildhauer nicht zuletzt aus Gründen der Statik zu dem Ausweg, möglichst immer einen »Totpunkt« innerhalb von Bewegungen festzuhalten. Damit ist der winzige Augenblick der Ruhe gemeint, wie er im Hin und Her eines Pendels oder bei einem hochgeworfenen Ball zu sehen ist: der Moment der Umkehr von einer Anfangsrichtung in die entgegengesetzte.

Eine Art Totpunkt verkörpern im Grunde genommen auch längerwährende Ruhestellungen, die mit dem angestaubten akademischen Ausdruck »Kontrapost« bezeichnet werden und wobei auch von »Standbein« und »Spielbein« die Rede ist. Wir haben uns solche Posen zwar reichlich übersehen, zumal man bei ihnen häufig den Eindruck hat, daß so mancher Zeichner, Maler oder Bildhauer nur sein anatomisches Können zeigen wollte – jedoch handelt es sich auch bei unwillkürlicheren Haltungen, etwa des Zuhörens, Nachdenkens, des Betrachtens oder Zögerns, um das gleiche: einen kurzen oder länger andauernden Moment statischer Ausgeglichenheit. Ihn verständnisvoll zu erfassen und überzeugend wiederzugeben, ist die wesentlichste Voraussetzung für reizvolle figürliche Darstellungen. Das Spiel mit den inneren Linien hatte schließlich das gleiche Ziel.

Bei fast jeder Bewegungsart des Körpers können zumindest einige Partien nur noch in perspektivischer Verkürzung gesehen

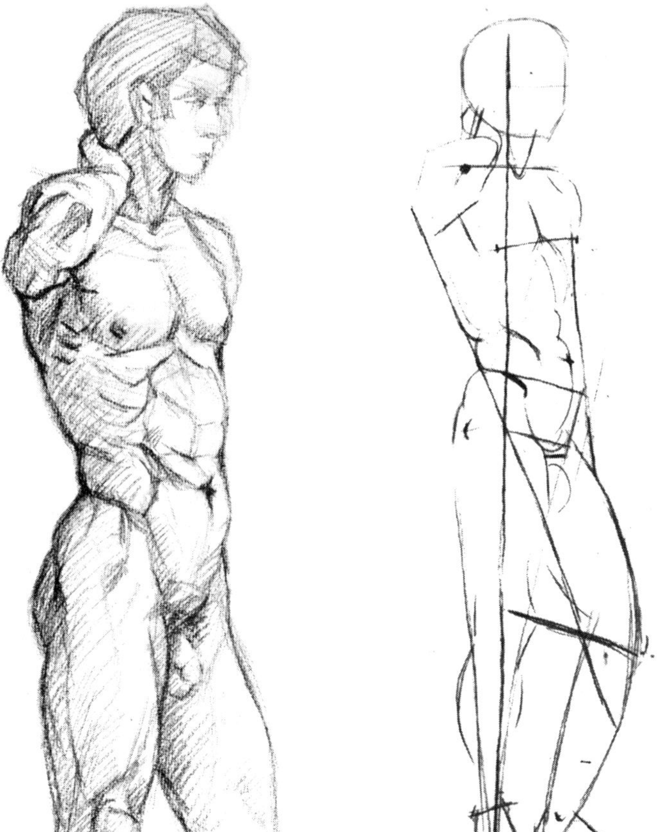

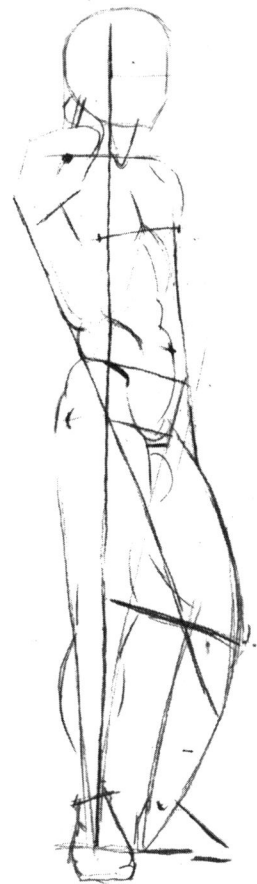

Kontrapost-Halbprofil, Skizze mit Rötel- und Sepiakreide auf Ingres-Papier. Haltung und Proportionen solcher Posen erfaßt man durch flächenhaften Aufriß am sichersten: Beginnend mit der Standbein-Lotlinie und Höheneinteilung, sind vor allem die Neigungen folgender Linienverbindungen richtig abzuschätzen: Schulterhöhen, Brustwarzen, vordere Beckenränder, Rollhügel, Knie.

91

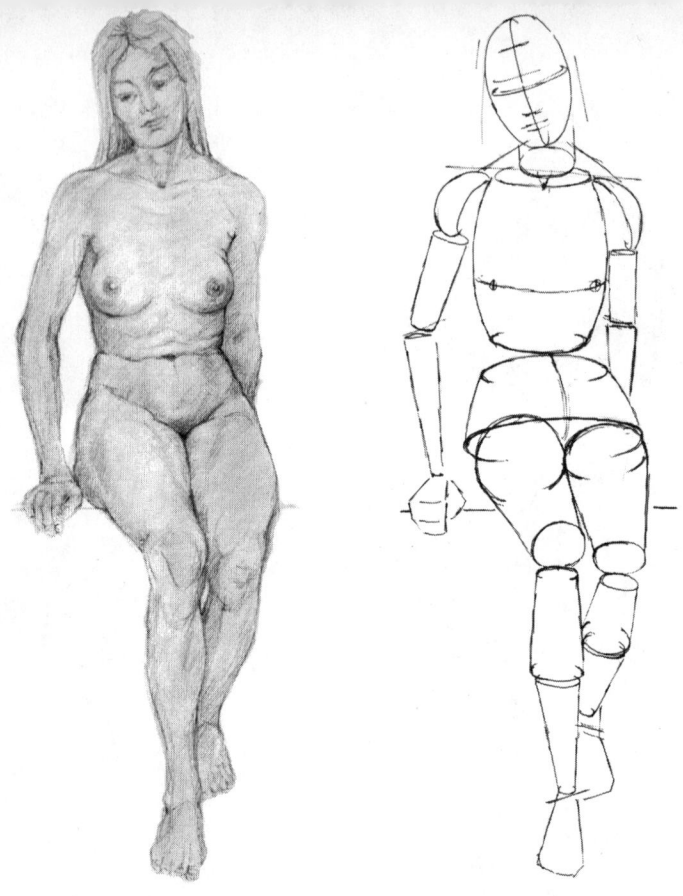

Studie auf französischem Ingres-Papier mit Blei 2B, die Körper-
silhouette nach Vorzeichnung durch leichte Schraffuren durch-
gehend getönt. Etwa ⅓ der Originalgröße. Die nebenstehende
Pauszeichnung erläutert, wie die Haltung mittels perspektivisch
dargestellten Hilfskörpern zu erfassen ist. So werden auch alle
Verkürzungen gegenüber dem Proportionsgerüst für aufrechte
Haltungen verständlicher.

Aufgabe dieser und der übrigen Studien ist in erster Linie die
Auseinandersetzung mit den anatomischen Verhältnissen und der
Oberflächenplastik. Studie auf rötlich getöntem Papier, Ausführung
mit schwarzer Kreide, Vorzeichnung als Grundton verrieben, später
stellenweise mit dem Gummi aufgelichtet. Die etwas verzerrt
erscheinenden Proportionen ergeben sich aus der geringen Distanz
zum Modell von ein bis anderthalb Metern (die erste Skizze
entstand in einer Sauna).

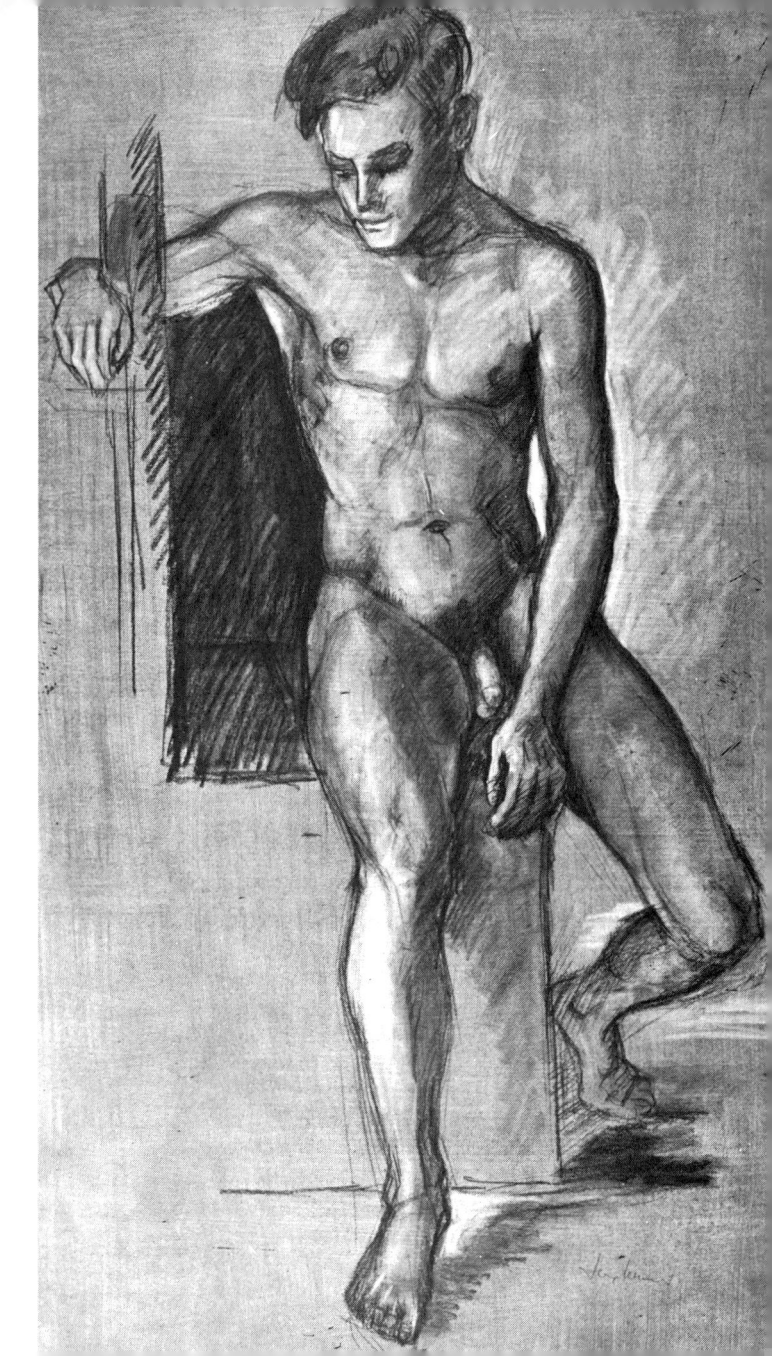

werden. Eine stark zusammengekrümmte Haltung bietet überhaupt kaum noch eine frontale, ohne weiteres ins Flächenhafte zu übertragende Ansicht. Dem Anfänger – und nicht nur ihm allein – fällt es dann sehr schwer, lediglich nach impressionistischer Beobachtung Figuren auch nur halbwegs »richtig« wiederzugeben. Umschreiben Sie jedoch die einzelnen Körperpartien mit stereometrisch einfach definierbaren Hilfskörpern, so gelangen Sie zu einem sicheren, konstruktiven Aufbau der Figur. Beginnen Sie mit den Achsen der Hilfskörper. Sie sind identisch mit den Mittellinien und Achsen Ihrer Anfangsversuche mit inneren Linien – nicht zu verwechseln mit den spontaner und weniger logisch entstehenden Bewegungszügen. Wie das Ganze zu verstehen ist, wie man sich die Hilfskörper plastisch zu denken hat, zeigen Ihnen einige Skizzen.

Wenn Sie sich mit Aktzeichnen befassen wollen, wäre es Unsinn, gleich jemanden um regelrechtes Posieren zu bitten: Sie selbst werden wahrscheinlich nervös, weil Sie ahnen, daß Ihnen noch nichts Ansehnliches gelingt, daß Ihr Modell die Geduld verliert und Ihr Machwerk nur belächelt. Nutzen Sie lieber anfangs ganz zwanglose Gelegenheiten: auf dem Sportplatz, am Strand, beim Kinderspielplatz, im sonntäglichen Stadtpark, im Theater, in Lokalen (einfache Kneipen sind höchst ergiebig, weil sich dort jeder ganz ungezwungen gibt). Man muß nur genügend Routine entwickeln, unbemerkt zu bleiben – kritisierende und dann monumental sich in Szene setzende Personen sind entweder zum Verzweifeln oder zum Lachen. Sie werden nun vielleicht sagen: Was hat das mit Aktzeichnen zu tun, die Gestalten sind doch meist völlig bekleidet! Gewiß – dennoch ist es anfangs viel wichtiger, ein Gefühl für die Haltung und die damit verbundenen perspektivischen Veränderungen zu gewinnen. Das aber gelingt Ihnen ebenso gut und zwangloser nach dem Vorbild zufälliger, mehr oder weniger bekleideter Figuren.

Wenn Sie später nach eigens für Sie posierendem Aktmodell zeichnen, werden Sie bald begreifen, daß es ganz und gar nicht auf »Schönheit« ankommt. Es gibt so wundervoll gewachsene Menschen, daß sie einfach zu nichts anderem als fotografischer Genauigkeit verleiten, um die es gar nicht geht, und es gibt weniger vollkommene, deren Natürlichkeit, Anmut oder Herbheit derart anregt, daß immer etwas Eindrucksvolles entsteht. Bemühen Sie auch keine kostspieligen Berufsmodelle, Sie hätten von deren eingelernten Posen bald genug. Lassen Sie diesen notgedrungenen Behelf den Kunstschulen.

Die natürliche Befangenheit gibt sich bei »Laien«-Modellen

meist schon nach wenigen Minuten, besonders wenn Sie zunächst mit irgendeiner zufälligen Haltung vorlieb nehmen. Setzt Ihr Modell erst ein gewisses Vertrauen in Ihre zeichnerische Fähigkeit, so können Sie eher mit Erfolg versuchen, ihm eine Haltung

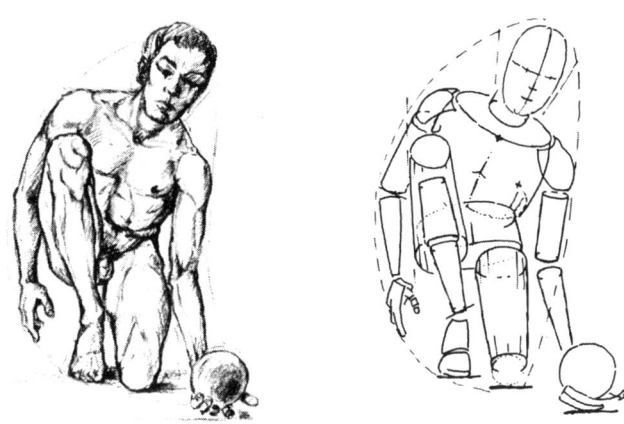

»Kugelspieler«, schwarze Kreide.
Bei stark zusammengekrümmten Haltungen mit auf Anhieb nicht ohne weiteres zu erfassenden Verkürzungen bietet ein Beginn im Sinn des nebenstehenden Schemas die sicherste Grundlage. Anschließend kann man die natürlichen Umrisse auf darüber gelegtes Transparentpapier zeichnen und diese zur naturgetreuen Durcharbeitung auf das endgültige Blatt pausen.

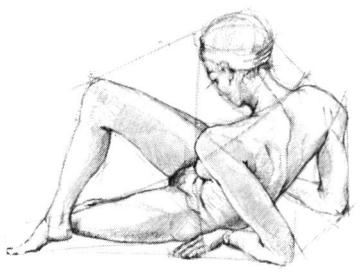

Haltungsstudie mit Kugelschreiber und Stabilokreide. Diese Pose — beim Sonnenbad beobachtet — ließ sich am sichersten durch tangierende Geraden und Schwünge erfassen. (Ich habe sie so stark gezeichnet, um den Vorgang zu zeigen — sonst hätte ein kaum sichtbarer Hauch genügt.) Schattierungsschraffuren deuten die Plastik an.

nach vorgefaßter Idee zu suggerieren. Beginnen Sie zuerst mit einer Schmierskizze: auf diese Weise sehen Sie sich in die Situation hinein und merken auch, ob das Modell die Pose überhaupt für längere Zeit ohne Verkrampfung ruhig einhalten kann. Immer weicht nach einigen Minuten die anfängliche Steifheit zugunsten einer natürlichen Lockerung. Das ist der Augenblick, bei dem Sie erst mit der eigentlichen Zeichnung anfangen sollten und: pausieren Sie spätestens nach einer halben Stunde! Denn Aktzeichnen wie Posieren ist Schwerstarbeit. Nach meiner Erfahrung wird das für beide Teile weniger spürbar bei angenehmer, nicht aufdringlich rhythmischer Musik oder im Freien, in erfreulicher Landschaft.

Gemüt und Charakter, Böses wie Gutes drücken sich beim Akt weniger in plastischen Einzelformen aus, als durch Haltung und Gestik. Bei den Linienfiguren haben Sie bereits gesehen, daß obendrein die Mimik des Gesichts der Gestalt sehr verschiedene, geradezu gegensätzliche Ausdrucksdeutungen verleihen kann. Sie werden sich beim Aktzeichnen zwar kaum damit abgeben, das Antlitz detailliert und porträtähnlich wiederzugeben; es jedoch ganz wegzulassen, hieße, den Körper zum anatomischen Studienobjekt zu degradieren. Es genügt schon, mit sparsamsten Mitteln die physiognomische oder eine mimische Charakteristik anzudeuten.

Ähnlich verhält es sich mit der Wiedergabe von Händen und Füßen: auch sie brauchen, wie schon bemerkt, nicht mit aller Genauigkeit durchgezeichnet zu werden. Üben Sie sich bei jeder Gelegenheit in Detailstudien, besonders von Händen, denn meist bilden sie die Pointe jeglicher Gestik. Um so sicherer müssen andeutende Striche sitzen, aber das gelingt Ihnen nur, wenn Ihnen die anatomische Mechanik mit den möglichen Formveränderungen geläufig ist.

Was die Physiognomie der Hände bestimmt, ist im Einzelfall manchmal schwer zu sagen. Die feisten Hände eines Vielfraßes, die groben und schwieligen eines Schwerarbeiters sind natürlich weitgehend das Ergebnis der Lebensumstände. Sie werden nie zu solch differenziertem Ausdruck fähig sein wie die ständig in bewußten oder unbewußten Gesten sich äußernden Hände einer Tänzerin, eines Dirigenten oder Schauspielers. Aber es gibt wiederum Dichterhände, die nach landläufigem Begriff eher grob und häßlich wirken als feinfühlig (die Gerhart Hauptmanns zum Beispiel), und so manche klobige Bildhauerhand verrät äußerlich nichts vom zartesten Tastempfinden, dessen sie fähig sein muß.

Bekleidete Figuren

Aktzeichnen, insbesondere die Fähigkeit, einen Körper mit allen perspektivischen Veränderungen darzustellen, ist die Voraussetzung für Wiedergaben bekleideter Figuren. Maler und Zeichner werden allerdings nie so vorgehen, wie es sich für bildhauerische Arbeiten seit eh und je bewährt hat: zunächst den nackten Körper mehr oder weniger detailliert zu skizzieren, und anschließend erst die Kleidung aufzumodellieren.

Immerhin kommt auch der Zeichner am sichersten voran, wenn er zunächst die perspektivische Situation von Rumpf und Gliedern in groben Zügen durch Hilfskörper beschreibt. Er gewinnt damit eine plastische Grundlage, die beim unmittelbaren Beginn mit Kleiderkonturen und -flächen allzu leicht verlorengehen kann. Dazu kommt es vornehmlich dann, wenn Stoffe sehr locker und bauschig über der Figur drapiert sind. Liegen sie jedoch überall oder auch nur teilweise eng an, so ist eine ziemlich eingehende Schilderung der Körperlichkeit unerläßlich. Extreme Fälle, etwa die Darstellung von Tänzerinnen und Artisten im Trikot, verlangen sogar eine regelrechte Aktzeichnung, wobei das Trikot lediglich als zweite Haut aufzufassen ist.

Ähnlich verhält es sich bei der Wiedergabe körperlich schwer arbeitender Menschen, wenn die Arbeit das eigentliche Bildthema ist. Dabei spielt die Schilderung der körperlichen Anstrengung oft eine wesentlichere Rolle als die des Antlitzes, die sich dann in bloßen Andeutungen erschöpfen kann. Die Kraft des Körpers zeigt sich augenfällig, wenn dessen Plastik, Dynamik oder Statik und auch die Anspannung der Muskeln deutlich wiedergegeben wird, zum Beispiel dadurch, daß sich der Stoff der Arbeitskleidung zumindest stellenweise eng darüber spannt. Zwischen diesen Stellen sucht das Auge unwillkürlich eine Verbindung und damit eine Vorstellung von der gesamten Körperlichkeit. Je mehr der Zeichner auf sie eingeht, um so überzeugender und reizvoller wird die Darstellung wirken.

Halbprofile (und meist gilt das auch für Ganzprofile) gelingen am sichersten, wenn man zunächst mittels stereometrischer Schema-Formen samt deren Achsen Haltung und Plastik perspektivisch erfaßt.

98

Die Situation ist indessen völlig anders, wenn Gesicht und Hände das eigentliche Bildthema sind und es also in erster Linie um das geistige Porträt eines Menschen geht. Die Kleidung ist dann nur noch Draperie, Rahmen, Fassung des Wesentlichen. Sie verdeckt die Körperlichkeit, interpretiert aber unter Umständen den Stand, den Reichtum oder die Armut, überhaupt die Lebensumstände des Dargestellten. Auf diese Weise gewinnen Gesicht und Hände eine Deutung in bestimmter Richtung, die sich durch andere Gewandung allerdings oft auch ins Gegenteil verkehren läßt: Oscar Wildes »Der Modellmillionär« ist eine hübsche, nachdenklich stimmende Erzählung zu diesem Thema.

Porträtzeichnen

Das Porträt ist die Krone aller »gegenständlichen« Kunst, denn allein im künstlerisch verdichteten Abbild des Antlitzes kann die Wesensart eines Menschen umfassend ausgedrückt werden. Sie erleben das am faszinierendsten, wenn Sie sich in Werke großer Bildnismaler vertiefen, deren erster eigentlich Albrecht Dürer gewesen ist. Nicht weniger erregend wirkt allerdings auch manche frühere Arbeit, zum Beispiel von Giotto di Bondone und anderen Italienern der Folgezeit. Nur waren deren Darstellungen kaum schon als Interpretationen einzelner Persönlichkeiten gemeint, meist verkörpern sie legendäre Gestalten. Dennoch spürt man sehr oft das Vorbild eines bestimmten, wenn auch gewöhnlich unbekannt gebliebenen »Modells«.

Ähnlich verhält es sich mit den wundervollen Kathedralplastiken der französischen sowie der deutschen Hochgotik.

Bei zweidimensionalen Darstellungen basiert das Porträt vornehmlich auf einer im Prinzip formgetreuen Zeichnung, auch wenn es sich um absolute Malerei handelt. Je präziser Einzelheiten formuliert sind, um so eindeutiger meint man den Charakter der Persönlichkeit erfassen zu können – ähnlich wie beim Lebenden. Nicht minder reizvoll ist es allerdings, wenn impressionistische Unbestimmtheiten nur die Illusion einer genauen Formulierung geben und eine individuellere Deutung offenlassen, wie u. a. bei Porträts von Lovis Corinth oder Paul Cézanne.

Beim Porträtzeichnen geht es zuallererst darum, die Plastik der Schädelform zu erfassen – beginnend mit der ungefähren Silhouette und den bereits demonstrierten Proportionslinien. Sie sind nun natürlich als aufrechte und liegende Ovalbogen aufzufassen, in perspektivisch veränderten Seiten-, Drauf- oder Untersichten – es kommt auf die Kopfhaltung des Modells und die Position des Zeichners an. Danach sind – ausgehend vom Frontal-Meridian – die perspektivisch mehr oder weniger verkürzten Breitenabstände der Brauen und Lidwinkel, der Schläfen, der

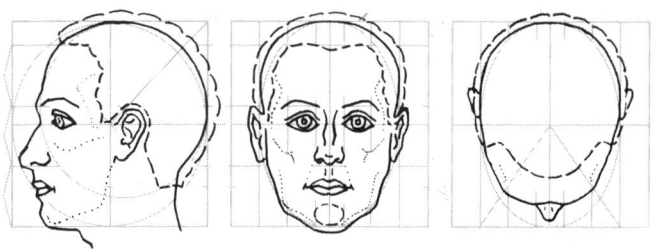

Normalproportionen des Kopfes. Frontalansicht und Draufsicht zeigen, daß die Aufteilung des Proportionsquadrates (Kantenlänge gleich ¹/₈ der Figurengröße) in Siebentel sowohl die Schädelbreite als auch die Lidwinkel-Abstände markiert. Gleich sind ferner die lotrechten Abstände Kinnspitze-Nasenspitze-Nasenwurzel-Stirnhaaransatz.

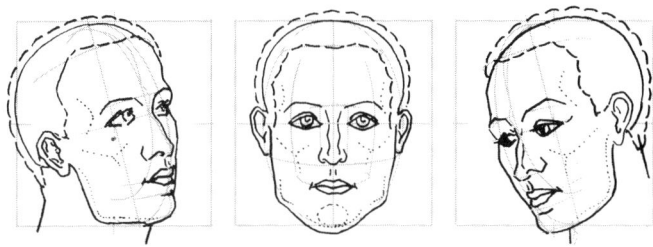

Die Normalproportionen des Kopfes lassen sich bei Drehungen ins Halbprofil (und vor allem bei gleichzeitiger Neigung) nicht mehr mit waagrechten und senkrechten Linien erfassen, sondern durch, der tatsächlichen Schädelplastik und seiner Perspektive entsprechende, elliptische Linien. Genaugenommen müßte man auch bei Frontalansichten von perspektivischen »Meridianen« der stereometrisch vereinfachten Schädelform ausgehen.

Nasenflügel und des Mundes einzutragen, ferner der Ansatz der Ohren, des Haarwuchses, des Halses, eventuell auch der Schultern. Wenn dieses Liniengerüst sitzt, müssen zumindest die groben Formen des Kopfes und der Gesichtsplastik proportionsgerecht gelingen. Sie bilden die Grundlage der Physiognomie. Unter diesem Begriff sind die bleibenden Gesichtsformen und -linien zu verstehen, entstanden aus Erbanlagen und Lebensschicksal. Angeboren und beim Erwachsenen praktisch unveränderlich ist das Schädelskelett. Auch die Gesichtsmuskulatur und das Unterhaut-Fettgewebe entwickeln sich zunächst nach

Mimische Ausdrucksformen, reduziert auf charakteristische Linien.
*I/1 = indifferenter Ausdruck, kein Gesichtsmuskel zeigt eine
spezifische Spannung. I/2 = Lächeln; der Mund ist ein wenig in die
Breite, seine Winkel sind etwas nach oben gezogen, und oft bilden
sich seitlich von ihnen winzige Fältchen; die Lidöffnungen werden
geringfügig schmaler mit Andeutungen von äußeren Lidwinkel-
Fältchen. I/3 = Offenes Lachen: der Mund öffnet sich, seitlich
erscheinen stark ausgeprägt die Nasen-Lippen-Falten und aufgebuckelte Wangenpolster; die Augen-Ober- und -Unterlider
schließen sich bis auf einen schmalen Spalt mit deutlicher Faltenbildung außen (Krähenfüße); die Brauen werden oft angehoben
mit entsprechenden Stirn-Querfalten.*

*II/1 = Weinen: der offene (oder auch geschlossene Mund) biegt sich
nach unten, die Kinnhaut wird angehoben, die Nasen-Lippen-Falten
krümmen sich oft tief bis zur Kinnpartie; die Augen werden eng,
manchmal auch vollständig zusammengekniffen: die Brauen
heben sich zur Mitte, und oft entstehen dann auch senkrechte
Stirnfalten. II/2 = Erstaunen: die Augen öffnen sich weit, und die
Iris wird vollständig sichtbar, die Brauen werden mit entsprechenden Stirnfalten angehoben; je nach freudigem oder unangenehmem
Eindruck bewegt sich der Mund; ist er weit geöffnet, so entsteht
der Eindruck von Verständnislosigkeit oder gar Blödheit. II/3 =
Schreck, Entsetzen: Die Bewegung der Augen- und Stirnpartie ist
ähnlich wie beim Erstaunen, jedoch ausgeprägter: die Mundpartie
zeigt etwa die gleichen Merkmale wie beim Weinen.*

*III/1 = Energie: besonders typisch sind die zusammengezogenen
Brauen mit einer oder mehreren senkrechten Stirnfalten, oft
bilden sich auch ein oder zwei Nasenwurzel-Querfalten (sogenannte »Kämpferfalten«), die Augen werden schmaler (nachdenklich) oder auch offener (zielstrebig); der Mund wird stets schmaler
(bis zur »Verbissenheit«), infolgedessen erscheinen meist auch die
Nasen-Lippen-Falten (falls sie nicht angeboren und somit mimisch
bedeutungslos sind). III/2 = Brutalität: verstärkte Energie-Merk-
male der Stirn- und Augenpartie; der Mund wird nach unten
gebogen, die Unterlippe vorgeschoben (wie beim »Schmollen«),
die Kinnhaut hebt sich, jedoch ohne die weichunbestimmte Runzel-
bildung wie bei IV/3. III/3 = Ekel: Stirn mit Brauen wie bei III/1 mit
gleichzeitiger Verengung der Augenspalten (mit Energie gepaarte
Abwehr), hinzu kommt das Rümpfen der Nase (seitliche Falten
von der Nasenwurzel abwärts, typisch auch für ständige Unzu-
friedenheit und Nörgeln); der offene Mund gleicht häufig einem
nach unten gebogenen Rechteck, weitere Faltenbildung ähnlich wie
beim Weinen, nur krampfhafter.*

*IV/1 = Wichtigtuerei, Blasiertheit: Der Mund ist »überlegen« oder
verächtlich etwas nach unten gebogen, meist verbunden mit mimischen Nasen-Lippen-Falten; die Oberlider sind halb gesenkt,
gleichzeitig aber die Brauen gehoben mit entsprechenden Stirnfalten — diese physiognomische Diskrepanz ist typisch für Ange-
berei. IV/2 = Trauer: als typisch gelten vor allem die zur Mitte
gehobenen, »tragischen« oder »Laokoon-Brauen«, jedoch ist nicht*

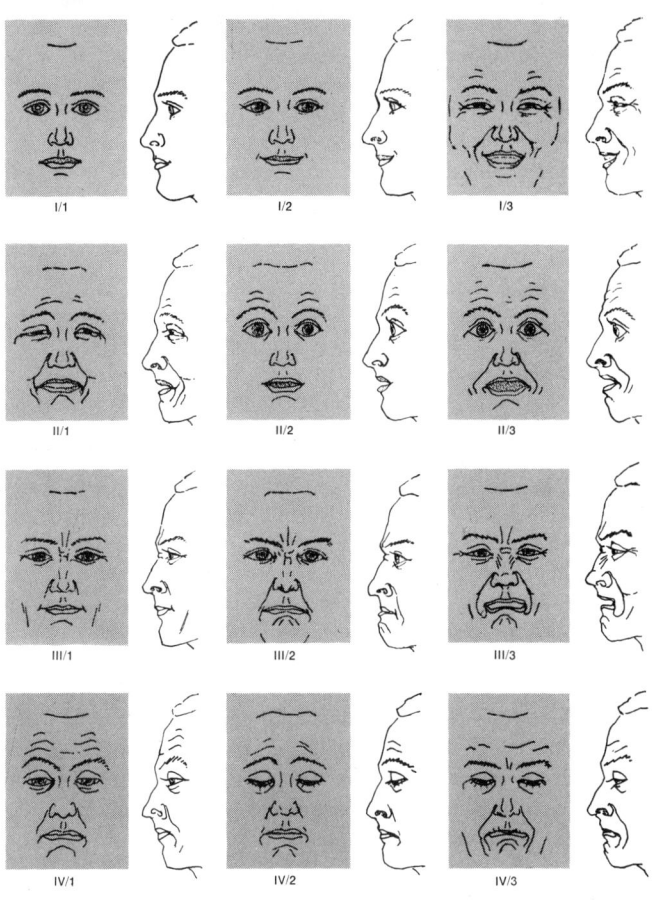

I/1	I/2	I/3
II/1	II/2	II/3
III/1	III/2	III/3
IV/1	IV/2	IV/3

jeder Mensch solch teilweiser Anspannung der Stirn-Runzler unwillkürlich oder willkürlich fähig; gesenkte Oberlider und der abwärts gebogene Mund sind weitere typische Begleiterscheinungen – aber es gibt auch Trauer mit weit offenen Augen. – IV/3 = Verbitterung, Resignation: die Stirn mit Brauen zeigt andeutungsweise die Zeichen der Energie (Anstrengung beim Verzicht auf Abwehr), infolgedessen sind die Oberlider gesenkt, die Augen also »nach innen« und nicht auf ein angreifbares Ziel gerichtet; in der Mundpartie vereinen sich die Anzeichen für Trauer, Weinen und des inneren Ärgers über eine Niederlage, die in Zorn umschlagen möchte, es aber nicht kann.

Erbanlagen. Sie bilden die individuellen Typformen der Weichteilplastik, insbesondere der Augenpartie, der Wangen, des Mundes und Kinns. Diese Typformen können jedoch bedeutsame Abwandlungen erfahren, am stärksten die des Mundes. Altersstufe, Ernährung, Gesundheitszustand und Lebensgewohnheiten spielen dabei ebenso eine Rolle wie das seelische Schicksal. Es kann die Grundstimmung des Gemüts mehr oder weniger umprägen, manchmal bis zum vollständigen Wandel und fürs ganze Leben.

Gemütsbewegungen verursachen unwillkürliche Reaktionen der Gesichtsmuskulatur: die Mimik. Offenes Lachen, hemmungsloses Weinen, schäumende Wut, verbissene Anstrengung ergeben mimische Bilder, die jeder versteht – sogar Tiere, die ständig in unserer Nähe sind, vor allem Hunde. Solche starken mimischen Ausdrücke gehen gewöhnlich rasch vorüber und hinterlassen keine bleibenden Spuren. Anders ist es bei Mienen, die sich häufig wiederholen oder längere Zeit beibehalten werden, weil sie auf bleibenden Gemütszuständen beruhen (Pessimismus, Lebensverbitterung) oder mit einer regelmäßigen Tätigkeit zusammenhängen (das ewig blinzelnde Seemannsauge, der kritisch prüfende Malermund). Solche mimischen Reaktionen sind zwar nie sehr stark, aber eben von Dauer, und die fortwährende, gleichartige Muskelanspannung verursacht Linien und Falten in der Haut beziehungsweise im darunter liegenden Fettgewebe. Diese »Züge« sind auch im entspannten Gesicht noch deutlich zu erkennen und verändern, wie gesagt, physiognomische Anlagen oft erheblich. Zu Rückbildungen kommt es nur bei vollständigem Wandel der Gemütsgrundstimmung und wenn der Mensch noch nicht gar zu alt ist.

Da die Gesichtsmuskulatur bei allen Menschen gleichartig angelegt ist, geschieht die Faltenbildung zunächst nach bestimmten Tendenzen, die sich mit wenigen Linien charakterisieren lassen. Diese Tendenzen treffen jedoch auf sehr individuelle formale und konstitutionelle Anlagen, manchmal spielen sogar die des Geistes eine Rolle. So können beispielsweise Frohsinn und innere Ausgeglichenheit sowohl ein glattes, als auch ein mit unzähligen Heiterkeitsfalten übersponnenes Gesicht hervorbringen. Allerdings verlaufen diese feinen Linien völlig anders als die gröberen ewiger Sorgen, der Verbitterung oder dauernder Schwermut. Indessen gibt es aber auch tief eingekerbte Falten, die immer gleichartig aussehen und doch ganz verschiedene Ursachen haben können: die Querfalten der Stirn. Bei dem einen sind sie Zeichen

Porträtskizze Benita. Schwarze Kreidemine ohne Vorzeichnung.

von Wichtigtuerei (so mancher Playboy hat sie), beim anderen deuten sie auf so geringen Verstand oder gar Blödheit, daß selbst einfachste Denkprobleme äußerste Anstrengung erfordern. Und dieselben Falten bilden sich, wenn ein ungewöhnlich intelligenter Mensch ständig schwerste Denkarbeit leistet (Schopenhauer, Einstein), oder bei jemandem mit grüblerischem Gemüt und innerem Hader. Treten die Falten schon in früher Jugend auf, so wollen die Stirnmuskeln eine angeborene Schwäche der Lidheber ausgleichen. Im allgemeinen aber sind Querfalten der Stirn stets Merkmale geistiger Anstrengung, und das gilt auch für ihr nur vorübergehendes, mimisches Erscheinen beim Erstaunen, Erschrecken, Entsetzen: im ersten Moment bedeuten sie unbewältigte Probleme.

Porträt Andrea, Original: Rötel. Die Rückseite der Vorzeichnung rieb ich mit weichstem Rötel ein und drückte die wichtigsten Punkte und Linien auf das Originalblatt durch. Die Ausarbeitung wurde erst hauchzart, dann bestimmter mit weicher Rötelmine angelegt. Letzte Feinheiten entstanden mit harter Rötelmine. Jegliches Wischen vermied ich, zarte Übergänge und zusammenhängende Dunkelheiten wurden mit breitflächig angesetzter, weicher Mine erzielt.

Auf körperliche Anstrengungen können dagegen die ebenfalls oft tief eingegrabenen Nasen-Mundwinkelfalten deuten, aber auch auf unbeherrschte animalische Leidenschaften, vor allem

wenn die Falten sehr gerade ausgebildet sind. Verlaufen sie jedoch weniger primitiv, so handelt es sich meistens um rassisch bedingte Erbanlagen und ein Hinweis auf die Wesensart des Menschen ist nicht ohne weiteres gegeben.

Zeichnerisch zu erfassen ist dies alles nur durch genaue Beobachtung. Das perspektivische Gerüst bietet die einzige konstruktive Hilfe, eine weitere finden Sie im Vergleich der schematischen Typformen mit deren Abwandlungen an Ihrem Modell. Entscheidend ist schließlich eine gewisse Intuition bei der Auswahl zwischen dem, was zur Charakterisierung notwendig ist, und dem, was unnötig erscheint und weggelassen werden kann. Sicherlich ist diese Intuition nicht jedem gegeben, aber sie ist auch nicht von ungefähr da, sondern wächst mit der Übung.

Diese gilt vor allem dem genauen Studium von Einzelheiten: keine Mund- oder Nasenform wiederholt sich unter Tausenden von Menschen völlig gleichartig, es gibt nicht einmal eine vollendete Symmetrie beider Gesichtshälften. Zudem neigen Anfänger beim Porträt mehr als bei allen anderen Darstellungen dazu, vorgefaßte Formvorstellungen für die wirklichen zu setzen, besonders bei Augen und Mund. Davon abgesehen, begehen Anfänger durchweg den äußerst hemmenden Fehler, fortgesetzt an die »Ähnlichkeit« zu denken. Je weniger man das tut, um so eher wächst sie von selbst. Solange Ihre Hand arbeitet, sollten Sie nur zusehen, daß die angesetzte Linie formgetreu gerät – nichts weiter. In häufigen, kritisch vergleichenden Pausen gewinnen Sie dann den nötigen Abstand und Überblick. Es hat auch wenig Sinn, endlos zu korrigieren und sich mit immer demselben Blatt abzuquälen. Fangen Sie lieber mit mehreren an: nach Stunden oder Tagen spüren Sie, mit welchem Sie am erfolgreichsten weiterkommen könnten.

Dabei werden Sie auch bemerken, daß starke mimische Ausdrücke allenfalls nur flüchtig und skizzenhaft wiederzugeben sind, penibel durchgezeichnet jedoch bald fratzenhaft und unerträglich wirken. Das vollendete Porträt wird immer die ruhige Physiognomie anstreben, mit einer mimischen Nuance, um die Grundstimmung des Gemüts zu interpretieren – durch die Andeutung eines Lächelns oder leiser Trauer, von konzentrierter Energie, Nachdenklichkeit oder ernster Zurückhaltung. Diese mimischen Andeutungen können noch unterstützt werden durch die Kopfhaltung. Anmut wird sich vornehmlich in einer geschmeidigen Bewegung ausdrücken, an der auch Hals und Schulteransatz teilhaben. Durch beides ist unter Umständen auch eine Vorstellung von der ganzen Statur zu geben. Ernst und Würde verlangen wohl eine gerade Haltung, Trauer und Nachdenklichkeit wieder eine leichte Bewegung – nun, Sie werden bei häufigem Porträtzeichnen und Betrachten bedeutender Meisterwerke selbst Mittel finden, die im Antlitz ausgedrückte Wesensart Ihres Modells zu unterstreichen.

Es ist eine Legende, Zeichner oder Maler könnten bei der Arbeit nach bestimmtem Vorbild willkürlich etwas Bedeutendes in das Porträt »hineinlegen«, es souverän gestalten. Intensives Hineinsehen in das Vorbild ist das einzige, was zu einer künstlerischen Leistung führen wird, die mehr gibt als die beste Fotografie. Die

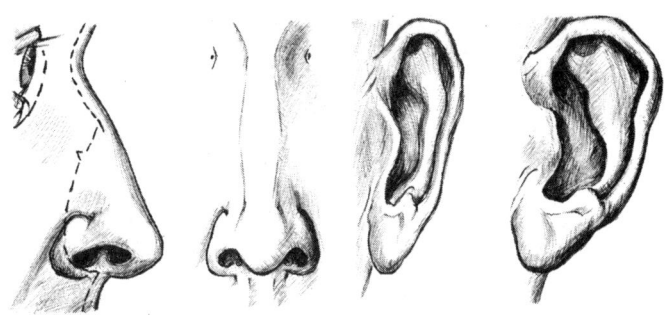

Das Studium von Nase und Ohr ist beim Porträt sehr wichtig. Von der formgetreuen Wiedergabe der Nase hängt zum großen Teil die »Ähnlichkeit« ab, die jeweilige Ohrform ist geradezu ein Identitätsmerkmal — obwohl der Betrachter das meist erst merkt, wenn Ohr- und Gesichtsbildung nicht zusammenpassen wollen.

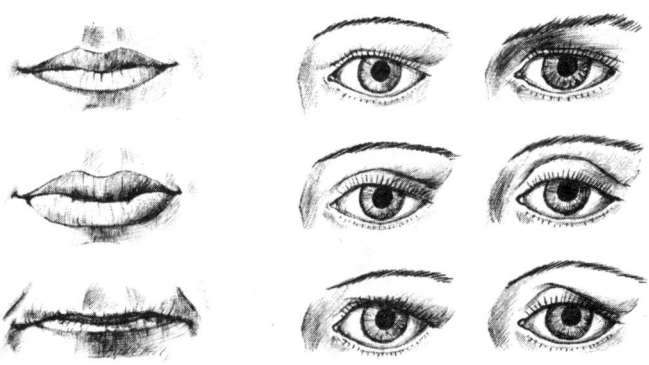

Mundformen. Oben: normaler, jugendlicher Mund. Mitte: üppiger, »sinnlicher« Frauenmund. Unten: schmaler Mund eines älteren Mannes (Resignation eines Geistlichen).
Der Orthopäde Prof. F. Lange klassifizierte 6 typische Grundformen der oberen Augenpartie bis zu den Brauen, die eine ausgezeichnete Ausgangshilfe beim Porträtzeichnen bilden. Linke Reihe von oben: Pfirsich-Lid; Pfirsich-Tarsal-Lid (beide gelten als klassisch-schöne Oberlidformen bei Frauen, oft zu sehen auf Pastellbildern des 18. Jahrhunderts, die Wölbung zwischen Oberlid und Braue gleicht einer Pfirsich-Spelte). Keulen-Lid. Rechte Reihe von oben: schmales Oberlid — typisch für »tief« liegende Augen. Tarsal-Lid — sehr ausdrucksvoll und häufig bei Gesichtern von Heiligen. Keulen-Tarsal-Lid. (Tarsus = Oberlidknorpel.)

109

110

Porträt Richard Kerschner, Bleimine HB. Die obere der beiden
verkleinerten Vorstufen entstand zuerst und ohne systematische
Vorzeichnung mit weichem Blei (2B). Auf einem darübergelegten
Transparentblatt (links unten) versuchte ich, mit dem Kugelschreiber alle Formdetails, Runzeln und die Grenzen der wichtigsten Schattenflächen zu präzisieren, ohne auf die Unterschiede der
Linienstärken und Dunkelheiten einzugehen. Nachdem dieses
»Gerüst« festlag, schraffierte ich die Rückseite des Transparent-
blattes mit Blei 4B, verrieb kräftig mit dem Wattebausch und
drückte mit einem leeren Kugelschreiber alle mir richtig erscheinenden Linien auf das endgültige Blatt (schwach gekörntes
Aquarellpapier). Da diesem Antlitz nur eine verhältnismäßig feine
Durcharbeitung gerecht werden konnte, wäre eine
weichere als die HB-Mine ungeeignet gewesen. Sämtliche Zeichen-
vorgänge, also auch das Pausen, geschahen stets vor dem Modell.

unwillkürliche Auswahl und Verdichtung, mehr intuitiv als logisch entstehend, ist das ganze Geheimnis.

Wenn Sie nicht endlose Enttäuschungen erleben wollen, nehmen Sie sich anfangs eher alte, zerfurchte Gesichter vor als junge, glatte. Die festen Linien geben Ihrer Zeichnung Halt und Fundament. Eine jugendliche, makellose Schönheit ist wohl das schwierigste, das Sie sich zumuten können, und das gilt fast ebenso für kindliche Gesichter – nur hat dann eine mißlungene Arbeit weniger bedrückende Folgen: Kinder kritisieren nicht so sarkastisch wie eine erwachsene, selbstbewußte Schönheit.

Wollen Sie sich aber unbedingt an solch heikle Aufgaben wagen, so kommen Sie am sichersten mit dem eben gezeigten Durchzeichenverfahren zum Ziel. Es ist keineswegs ein Behelf für Anfänger, auch bedeutende Künstler der Vergangenheit haben zuweilen so gearbeitet.

Karikaturen

Mittels Pausverfahren gelangen Sie auch zur Karikatur. Bei ihr spielt natürlich der Gesichtsausdruck meist die entscheidende Rolle. Auch er ist durch wenige, in diesem Fall allerdings stärker an direkt sichtbare Züge sich anlehnende Linie ebenso treffsicher wiederzugeben wie Körperhaltungen und -bewegungen. Und es ist durchaus nicht notwendig, etwa den ganzen Kopfumriß zu zeichnen, von physiognomisch unwichtigen Details ganz zu schweigen. Die Kunst des Weglassens ist geradezu die Existenzgrundlage der Karikatur.

Wenn Sie nun glauben, sie gelänge nur Zeichnern mit ganz spezieller Begabung, so verbauen Sie sich mit solch schüchterner Voreingenommenheit nur den Weg zu einem großen Vergnügen. Beim näheren Betrachten aktueller Karikaturen in Tageszeitungen und Zeitschriften werden Sie bald merken, daß oft genug miserable Zeichner am Werk sind, daß ihr Erfolg lediglich auf mehr oder weniger geistreichen gedanklichen Vergleichen beruht. Ein Meister der Karikatur ist darauf ebensowenig angewiesen wie auf erläuternde Texte. Sein Ehrgeiz ist die bis zur äußersten Charakterisierung gesteigerte Zeichnung. Auf Anhieb gelingt sie auch dem Meister höchst selten, meist muß er sie schrittweise erarbeiten. Dafür gibt es Verfahren, die im Grunde ganz einfach sind und mit denen eigentlich jeder zu überraschenden Ergebnissen gelangen kann, allmählich vielleicht sogar zu einer gewissen Meisterschaft. Zum großen Teil entwickelt sie sich auch beim Zeichnen durch unablässiges Üben.

Heften Sie auf eine erste, vor dem lebenden Modell entstandene Skizze ein Transparentblatt und zeichnen Sie mit einem feinen Filzschreiber oder kräftig abfärbendem Kugelschreiber durch, was Ihnen im Gewirr noch unsicherer Linien halbwegs richtig erscheint, eventuell auch schon korrigierend. Der Vergleich beider Blätter (das transparente auf weißer Unterlage) zeigt Ihnen, ob Sie bereits mehr erreicht haben im Hinblick auf das, was

Karikatur-Vorstudien (Charles Aznavour). Die erste Stufe gilt dem Studium des »normalen« Gesichts, die zweite befaßt sich mit mimischen Ausdrucksformen, die dritte mit dem Wegnehmen aller zur Charakteristik nicht unbedingt notwendigen Linien. Die vierte Stufe gälte der künstlerischen Verdichtung, und bei Aznavour gäbe es wohl zu jedem seiner Chansons eine spezifische Version . . .

Ihnen vorschwebt. Ob Sie nun noch einmal anfangen oder über der Durchzeichnung weiterarbeiten – das Verfahren läßt sich endlos fortsetzen und keine Anfangs- oder Zwischenstufe ist verloren. Das wäre sie jedoch, wenn Sie an der ersten Zeichnung ständig radieren und verbessern. So aber können Sie nicht nur an jeder Zwischenstufe gegebenenfalls neu ansetzen, beim kritischen Vergleich aller entstandenen Blätter erkennen Sie auch am besten Ihre besonderen Schwächen und um was Sie sich noch speziell bemühen müssen.

Gösta Chatham (schwedischer Zeichner), Schöpfungswunder. Die Karikatur ironisiert treffsicher in wenigen Strichen (die sich sogar noch weiter reduzieren ließen) die wechselnden Haltungen und Mimiken des »schwer ringenden« Künstlers, also etwa: Die großartige Vision / stürmischer Beginn / o ja, es wird! Kritik am großen Wurf / Besessenheit des Genies / unbändiger Stolz – über ein jämmerliches Machwerk.

Das Verfahren beschränkt sich übrigens durchaus nicht auf das Erarbeiten von Karikaturen, das kann auch auf manch andere Weise geschehen. Die Durchzeichentechnik bildet vielmehr für sämtliche Arten figürlicher Darstellungen eine besonders ausbaufähige Grundlage, und zwar deswegen, weil Sie damit zunächst ausdrucksstärkste Posen erreichen. Was nützen wohlgelungenste Proportionen, sorgsamst durchgearbeitete Details, wenn die Haltung unstatisch oder verschroben, die Bewegung erstarrt oder unglaubhaft erscheint? Die ganze Zeichnung wirkt stümperhaft und Sie kommen auch keinen Schritt voran, wenn Sie gleich zu Anfang mehr vornehmen, als Sie auf einmal und temperamentvoll bewältigen können. Vorläufig geht es nur um das innere Gerüst, um die große Linie, vorgetragen mit einem gewissen Elan. Eine derartige Zeichnung kann etwas durchaus in sich Vollendetes sein. Den Verzicht auf genaue Maßverhältnisse und pedantische Einzelheiten wird niemand als Mangel empfinden – im Gegenteil! Erinnern Sie sich: nichts beflügelt die schöpferische Phantasie des Betrachters mehr als das noch Offengelassene, das er auf ganz individuelle Weise deuten und ergänzen kann. Darauf beruht auch der besondere Reiz einer Skizze.

Tiere

Höhle von Niaux (bei Tarascon-en-Ariege, frz. Pyrenäen), Wild-
pferd, Stiftzeichnung auf Kalkfels (Original ca. ½ der nat. Größe),
entstanden vor etwa 12 500 Jahren. Niaux ist noch ganz urtümlich,
die Zeichnungen wirken, als seien sie eben erst entstanden.

Wenn Sie sich mit der Darstellung von Tieren näher befassen
wollen, dann möchte ich Ihnen sehr empfehlen, zunächst ganz
unbelastet von allgemeinen zoologischen oder gar speziellen anatomischen Kenntnissen völlig wahllos zu skizzieren: Vögel auf
Leitungsdrähten, am Futterplatz, im Garten – Kühe, Pferde,
Schafe auf der Weide – auch Hunde oder Katzen möglichst im
Freien und nicht immer nur in Ihrer Wohnung. Denn zuallererst

sollte es Ihnen um einen rechten Begriff vom sooft noch rätselhaften Wesen des Tieres unter wenigstens annähernd natürlichen Lebensbedingungen gehen, um seine ausdrucksvollen, allgemein typischen wie arteigenen Haltungs- und Bewegungsgesten festzuhalten in wenigen Linien. Zu mehr kommen Sie ohnehin kaum, weil Tiere in Freiheit allenfalls für ein paar Sekunden die gleiche Pose beibehalten – wenn überhaupt.

Es ist klar, daß solches Skizzieren bereits ein gewisses zeichnerisches Können voraussetzt, womöglich besonders geübt an mehr oder weniger bewegten menschlichen Figuren. Sie haben dann schon Ihr Empfinden für flüchtige Schwünge und Linien aktiviert, auch mancherlei Erfahrung, sie eindringlich wiederzugeben. Wie das bei Tieren geschehen kann, zeigen Ihnen Ausschnitte aus einigen Studienblättern: Haltung und Bewegung lassen sich – anders als bei menschlichen Figuren – vornehmlich durch die Hals-Rückenkontur charakterisieren, nur für Beinpositionen sind innere Linien oder Achsen eher angebracht. Da also ohnehin ein großes Teilstück des Umrisses erfaßt werden muß, liegt es nahe, ihn weiter zu ergänzen, und das ist auch noch bei inzwischen veränderter Pose des Tieres unschwer möglich. Solches Vervollständigen bleibt aber durchaus eine Nebensache, es hat nur Sinn, wenn die Hauptkontur wirklich treffend sitzt. Das gelingt selten auf Anhieb und bedarf sowohl einer gewissen Schulung des Blicks wie beharrlicher Übung. Mit der Geduld eines Anglers, eines Jägers auf dem Anstand, kommen Sie ganz gewiß zum Erfolg, zumal Sie ja nicht untätig warten müssen, sondern Ihre erspähte Beute alsbald mit dem Zeichenstift umgarnen können. Haben Sie auf diese Weise allmählich einen Begriff vom gestischen Verhalten und den Umrißformen verschiedener Tierarten gewonnen, dann lohnt es sich, endlich auch ihren Bauformen nachzugehen. Sie wurzeln hauptsächlich in der Art der Fortbewegung, die zum Teil wiederum von der Ernährungsweise bestimmt wird.

Vierbeiner

Tierhaltungen begreifen Sie am besten durch Vergleiche mit dem Menschen. Bitten Sie jemanden, »auf allen vieren« herumzukriechen, so bemerken Sie vor allem, daß sein Rückgrat nicht mehr in normaler S-Krümmung verharrt, sondern sich aufbuckelt. Bei allen Vierbeinern ist das der mehr oder weniger ausgeprägte Dauerzustand: Rücken- und Lendenwirbel müssen zwischen der Vorder- und Hinterhand eine stabile Brücke bilden, sonst würde

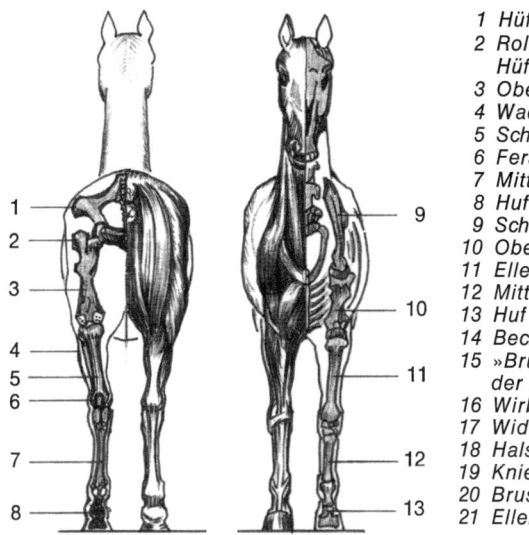

1 Hüfthöcker
2 Rollhügel des Hüftgelenks
3 Oberschenkelbein
4 Wadenbein
5 Schienbein
6 Fersenbein
7 Mittelfuß
8 Huf (= Zehen)
9 Schulterblatt
10 Oberarmbein
11 Elle mit Speiche
12 Mittelhand
13 Huf (= Finger)
14 Becken
15 »Brückenbogen« der Rückenwirbel
16 Wirbelfortsätze
17 Widerrist
18 Halswirbel
19 Kniescheibe
20 Brustkorb
21 Ellenbogen

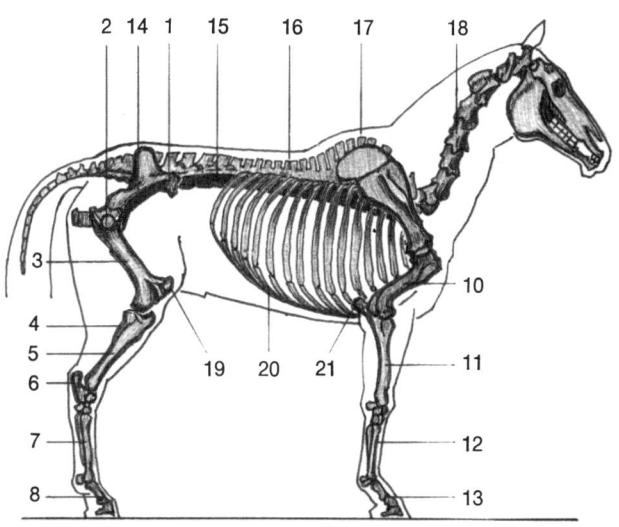

das Tier längeres Stehen und Laufen gar nicht aushalten. Erreicht wird die Stabilität durch entsprechende Bauformen der einzelnen Wirbel und durch Sehnenverspannungen. Läßt deren Straffheit bei alten, kranken oder ständig überanstrengten Tieren nach, dann sind sie nur noch mühsam zu größeren Laufleistungen fähig – der abgearbeitete Fiaker-Gaul mit tiefem Senkrücken gab einst ein jammervolles Beispiel dafür. Auch sein Nacken war meist trostlos niedergebeugt: der vorgestreckte Hals der Vierbeiner wird praktisch nur von einem starken elastischen Sehnengebilde getragen, dem Nackenband. Es bestimmt die Nackenkontur auch dann noch, wenn es sich beim Niederbeugen des Halses durch

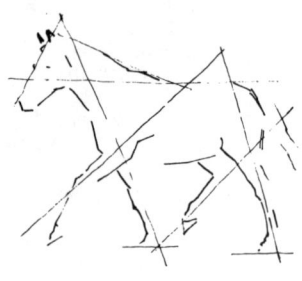

Laufposition des Pferdes: die Beinbewegung geschieht stets wechselseitig-zugleich, dabei bilden die geraden Bewegungslinien scherenartig sich verschiebende Rauten (Stabilostift-Skizze).

aktive Muskelkraft dehnt. Die Halswirbel sind nämlich niemals zu sehen oder zu fühlen (wie etwa beim Menschen), Wirbelfortsätze bilden erst vom Widerrist an bis zur Schwanzspitze eine sichtbare Kontur. Da diese Fortsätze unterschiedlich lang sind – am längsten in Höhe des Widerrists –, erscheint der Rücken häufig ein wenig eingesattelt, am stärksten bei Pferden, kaum jedoch bei Katzentieren. Dennoch fügen sich die Wirbelringe bei sämtlichen Vierbeinern normalerweise zu einem leicht aufgewölbten Brückenbogen zusammen.

Vorder- und Hinterhand haben sehr verschiedene Funktionen, obwohl beide am Stehen und Laufen beteiligt sind. Auf der Vor-

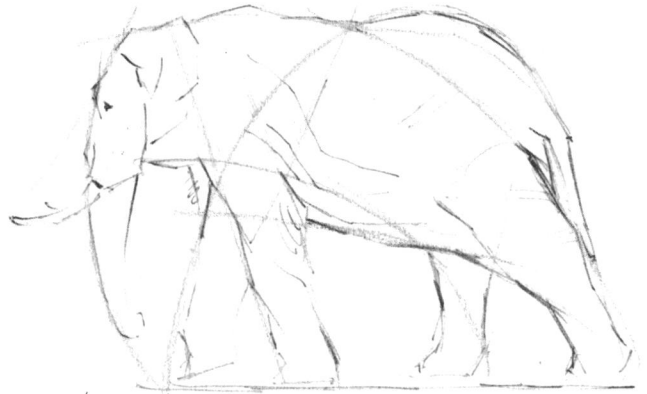

Afrikanischer Elefant (Stabilostift). Die Nachzeichnung (oben) zeigt die großzügig-einfachen Aufbau- und Tendenzlinien.

*Skizzenblatt von der Kuhweide
(Kugelschreiber).*

derhand ruhen etwa zwei Drittel des Körpergewichts. Sie ist vornehmlich federnde Stütze, bei Katzen und Bären fungieren beide Gliedmaßen auch als Schlag- und Haltewerkzeuge. Die Hinterhand liefert den Antrieb zum Laufen und Springen. Becken-, Ober- und Unterschenkelknochen sowie die Einheit der Fußknochen fügen sich niemals gestreckt, sondern stets mehr oder weniger winkelig aneinander, gekoppelt durch einrastende Schnappgelenke. Sie sichern die Winkelstellung ohne ermüdende Muskelspannung. Auf diese Weise sind die Tiere bis zu einem gewissen Grad immer »auf dem Sprung«, das heißt, sie können unmittelbar aus dem Stand vorschnellen (der Mensch muß dazu bekanntlich erst in Hockstellung gehen). Wenn Sie die Beinknickung als Hilfslinien einzeichnen, vermeiden Sie von vornherein die groben Fehler, die ein Laie und Anfänger beim Ansetzen der Beine fast immer begeht. Das gilt auch für die Vorderhand.

Dort tritt die Winkelstellung der Knochen nur zwischen Schulterblatt, Ober- und Unterarm in Erscheinung. Sie dient jedoch weniger der Vorwärtsbewegung als der erwähnten Abfederung. Ihre Elastizität wird noch erhöht durch den Wegfall der Schlüsselbeine. Das Vorderhandskelett ist bei den meisten Vierbeinern nur mit Sehnen am Rückgrat und Brustkorb aufgehängt und mit Muskeln, die durch aktive Spannung stoßdämpfend wirken können. Trotzdem treten beim Aufsprung die Schulterblätter über die Kontur des Widerrists hinaus, bei Katzen sogar schon überraschend deutlich beim langsamen Dahinschreiten. Schlüsselbeine, die wie beim Menschen eine unmittelbare, wenn auch gelenkige Verbindung des Arm- beziehungsweise Vorderhandskeletts mit dem des Rumpfes herstellen, finden sich nur bei Vierbeinern, deren Vordergliedmaßen gleichzeitig als kräftige Werkzeuge gebraucht werden, zum Beispiel vom kletternden Affen oder grabenden Maulwurf.

Die Schulter- und Hüftkugelgelenke der Vierbeiner sind bei weitem nicht so rotierfähig wie beim Menschen. Anders würden sie die Sicherheit des Geradeauslaufens beeinträchtigen. Oberarm und Oberschenkel stecken zudem größtenteils unter der Rumpfhaut. Daher beurteilen Anfänger die Zusammensetzung der Gliedmaßen sooft nicht richtig und zeichnen sie falsch eingelenkt, zumal die Mittelhand und der Mittelfuß der Vierbeiner – abgesehen von Affen und Bären – zu einem einheitlichen, relativ langen Knochengebilde zusammenwuchsen. Sie werden meist mit Unterarm und Unterschenkel verwechselt, die Zehen und Finger aber mit Füßen und Händen verglichen. Bei Huftieren verschmolzen auch die Finger und Zehen zu einem oder zwei Kno-

Porträt einer Hauskatze (spitze Tuschfeder).

chen. Hunde und Katzen haben indessen noch regelrechte Zehen und Finger, deren Nägel zu Krallen wurden. Bei Katzentieren verschwinden sie gewöhnlich in dicken Ballen und werden nur bei Angriff oder Abwehr als nadelscharfe Dolche hervorgestreckt. Alle diese Vierbeiner sind »Zehengänger«, Ausnahmen machen beispielsweise Affen: sie setzen – ähnlich wie der Mensch – die Füße mit ganzer Fläche auf, Bären auch ihre »Hände«.

Der Tierschädel beherbergt nicht nur wie der des Menschen das Gehirn, die Sinnesorgane und die Kauwerkzeuge, er ist gleichzeitig auch Greifwerkzeug zur Nahrungsaufnahme. Daraus, und aus der Tatsache, daß die Gehirnmasse relativ klein ist, ergibt sich ein Skelettprofil, das dem einer Kombizange gleicht. Im Prinzip läßt sich der Tierschädel mit einem Kegelstumpf umschreiben. Er ist relativ spitz bei Hochwild und Pferden, stumpfer bei Rindern und Hunden, am gedrungensten und manchmal fast zylindrisch bei Katzentieren. Aber diese recht grobe Um-

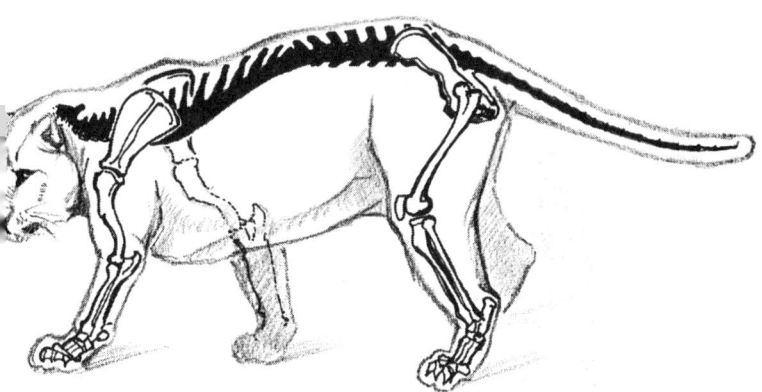

Schreitender Leopard. Typisch für alle Katzentiere sind die zur Rückenmitte gegeneinander gerichteten Wirbelfortsätze (idealer Ansatz für die wie eine Sprungfeder funktionierende Rückenmuskulatur) sowie das auffällige Hervortreten der sehr elastisch aufgehängten Schulterblätter.

schreibung ist bei jeder Tierart charakteristisch abgewandelt und muß jedesmal genau studiert werden. Wichtigste Momente sind der Verlauf des Hirnschädel-Nasen-Maul-Profils und die Stellung der Augen: bei Raubtieren sind sie ähnlich nach vorn gerichtet wie beim Menschen, bei den weniger aggressiven Pflanzenfressern stehen die Augen seitlicher. Dadurch wird der Wahrnehmungsbereich größer, aufgerichtete Hasen und Kaninchen bemerken verdächtige Bewegungen nahezu rundum (ebenso viele Vogelarten).

Sehr individuell ausgebildet sind Einzelheiten wie Ohren und Gehörn, vor allem aber die Schnauze mit Nasenendung und Maul. Diese Formen sollten bei jeder darzustellenden Tierart zunächst eingehend in Detailstudien durchgezeichnet werden, und das gilt auch für die Pfoten. Denn solch charakteristische, bis zur letzten Feinheit wiedergegebene Einzelheiten machen immer den besonderen Reiz von Tierdarstellungen aus. Niemand hat das nach den vorgeschichtlichen Höhlenzeichnern eindringlicher erfaßt als die alten Ägypter: sie gaben den Körper durchweg in einer monumentalen Formzusammenfassung wieder und erreichten die überraschende Lebendigkeit durch höchst subtile Details.

Porträtstudie eines Boxers — treuer Gefährte und Beschützer seines Herrn (Kugel- und Macro-Filzschreiber).

Die Konturen von Kehle, Brust und Lenden bleiben bei vielen Tieren verschwommen durch zottig herabhängende Fellhaare. Um sie dennoch nicht ganz zufällig erscheinen zu lassen, studieren Sie zunächst die glatteren Linienverläufe an kurzhaarigen Tieren. Danach erst gelte Ihre Aufmerksamkeit der unterschiedlichen Behaarung. Meist wird sie durch relativ einfache Strichelungen wiederzugeben sein, beobachten Sie aber den Richtungswechsel: er folgt durchaus nicht immer sinnfällig den plastischen

A   B

Bewegungsgestik bei Hunden: A = Schäferhund »interessiert und freundlich«, B = Schäferhund »kneifend«.

Rundungen, das Haarkleid soll nicht nur schützen, es muß auch eine geschmeidige Vorwärtsbewegung gestatten, etwa im Gestrüpp, und außerdem den Regen gut ableiten. Bei kurzhaarigen Tieren, beispielsweise beim Schäferhund, werden Sie an den Seiten des Leibes und an den Läufen Grate aus gegeneinander gestellten Haaren entdecken, an denen das Wasser zusammenläuft und abtropft.

Das Fell überdeckt auch mehr oder weniger die Plastik der Muskulatur. Deshalb hat es nicht viel Sinn, sich mit ihren einzelnen Formen und Funktionen abzuplagen. Genauer zu erkennen und präzis wiederzugeben ist die Plastik der Läufe. Wenn es irgend geht, begnügen Sie sich nicht nur mit dem Anblick – tasten Sie bei einem Kurzhaarhund die Muskeln, Sehnen und Knochen auch mit den Fingern und der Handfläche ab und überhaupt den ganzen Körper.

Sobald sich ein Vierbeiner in Bewegung setzt, werden – ähnlich wie beim Menschen – statisch ausgleichende Gewichtsverlagerungen notwendig: Becken- und Schultergürtel wiegen seitlich auf und ab, das Rückgrat macht leichte Schlängelbewegungen, der Hals nickt auf und nieder, der Kopf pendelt seitlich hin und her, besonders bei Huftieren.

Gemütsbewegungen sind bei Tieren zwar nicht so augenfällig

zu erkennen wie beim Menschen. Anzeichen gibt es jedoch immer: die Stellung der meist sehr beweglichen Ohren, der Verlauf der Maulspalte (Zähnefletschen!), der hoch aufgereckte oder weit vorgestreckte Hals, der aufgestellte oder einbezogene Schwanz, Niederducken oder steifbeiniges Verharren, gesträubte Haare – all diese Gesten sind viel aufschlußreicher als etwa die formal kaum veränderliche Mimik. Im eigentlichen Sinn gibt es sie bei Tieren gar nicht, wir sehen sie meist nur ins Tierantlitz hinein und vergleichen dann mit menschlicher Mimik – besonders bei Tierkarikaturen. Trotzdem lesen wir auch ohne formal faßbares Mienenspiel aus dem Antlitz, daß ein Hund vergnügt gelaunt, eine Katze verbiestert ist oder ob ein Pferd die schmeichelnde Hand erwartet. Mit Linien einzufangen ist das aber kaum, sondern nur die Körpergestik. Ihr gelten nicht nur erste Skizzierversuche, sie bleibt auch ein Hauptanliegen des Könners.

Vögel

Fliegen ist zwar das eigentliche Lebenselement der Vögel, als künstlerisches Motiv bleibt es jedoch immer fragwürdig. Ein im Flug dargestellter Vogel wirkt unerträglich erstarrt oder wie ein ausgestopfter, irgendwo aufgehängter Balg. Allenfalls gewinnt die Wiedergabe einer ganzen Reihe dahinziehender Vögel einen gewissen Reiz: das Auge des Betrachters gleitet von einer Schwingenbewegung zur andern und empfindet das ruhelose Flattern ebenso wie das Vorwärtsstreben. Es lohnt sich, diesen Wirkungen einmal mit sachlichen Überlegungen nachzugehen, sie erhellen noch mancherlei vom allgemeinen Problem, das sich

Ziehende Kraniche (Filzschreiber-Skizze).

bei jeglicher Art von Bewegungsdarstellungen immer aufs neue ergibt.

Um so faszinierender ist der Anblick des ruhenden oder auch dahinschreitenden Vogels – unwillkürlich spürt man noch stärker das Geheimnisvolle eines fremden Wesens als bei einem ständig auf der Erde lebenden Tier. Auch dafür lassen sich ein paar sachliche Anlässe nennen: der Vogel hat kein Gesicht, also auch nicht die geringste Mimik, voll zu sehen ist zudem immer nur eins der seitlich gestellten Augen (Ausnahmen machen hauptsächlich Eulen), sie sind rund, weit offen, starr – der Augapfel ist

Kopf einer Schleiereule (Kugel- und Filzschreiber).

unbeweglich, zur Blickänderung muß das Tier den ganzen Kopf drehen, und das geschieht immer seltsam ruckartig. Der Schnabel öffnet sich lediglich zur Nahrungsaufnahme, zum Schrei oder Gesang, gelegentlich auch, um über die Zunge Feuchtigkeit zu verdunsten und Wärme loszuwerden.

Das den Rumpf umschließende Federkleid mit Flügeldecken und zusammengelegtem Schwanzfächer bildet eine sehr geschlossene, auch bei vielen Singvögeln einem präzisen Kegelstumpf, abgefiederte Hals gleicht in der Ruhe bei Greifen und Hühnern, aber auch bei vielen Singvögeln einem präzisen Kegelstumpf, abgeschlossen von der Ei- oder Kugelform des Kopfes. Von den Beinen sind meist nur die schuppigen, bei Greifen auch teilweise

Mit hochgeworfenen Futterbrocken lassen sich Möwen (besonders an Flüssen) leicht anlocken, so daß man ihre Flugbilder eingehend studieren kann (Stabilostift).

oder ganz befiederte »Läufe« zu sehen: es sind die jeweils zu einem einzigen Knochen verschmolzenen Mittelfüße. Meist setzen vier Zehen an, von denen eine nach hinten gerichtet ist, jedoch gibt es Ausnahmen hinsichtlich Zahl und Stellung. Die Krallen dienen zum Scharren, Festklammern und auch als Waffe: die Greife haben gewaltige Dolche, mit denen sie ihre Beute durchbohren und festhalten, um sie mit dem Reißhaken des Schnabels zu zerlegen.

Bei sehr vielen Vögeln wirkt das Gesamtbild in der Ruhe unstatisch, die Masse rückwärts vom Fußpunkt beziehungsweise

Kopf eines Greifvogels (Feder und wasserlösliche Tusche, laviert).

von dessen Lotlinie erscheint größer als die Masse des Vorder-
rumpfes mit Hals und Kopf. Die rückwärtige Überlänge kommt
jedoch nur durch die Flügel- und Schwanzfedern zustande, die
– wie alle Federn – von wesentlich geringerem spezifischen Ge-
wicht sind als die Masse des unbefiederten Körpers. Er ist kaum
halb so groß und von überraschend anderer Gestalt, vergleicht
man ihn mit der äußeren Erscheinung des lebenden Vogels.
Zu unterscheiden sind drei Arten von Federn. Die Flaumfedern
sind klein, weich und kräuselig, sie dienen dem Kälteschutz und
bedecken – äußerlich nicht sichtbar – den ganzen Körper mit
Ausnahme von Schnabel und Läufen. Die Deckfedern sind schon
wesentlich größer, platt und relativ hart. Sie bilden das sichtbare
Federkleid und liegen dachziegelartig übereinander. Wie alle
anderen Federn kommen sie schräg aus der Haut und erscheinen
beim Flug nach unten und nach rückwärts gerichtet, so daß Luft

*Skizzenblatt von Eichelhähern und Kopf einer Kohlmeise (links
unten). Die Vögel konnte ich im Winter täglich durchs Fenster aus
nächster Nähe beobachten, wenn sie – zum Ärger der Meisen –
den Futterkasten im Park plünderten (Blei und Pinsel mit Deckschwarz).*

Singvogelkrallen (Kugel- und Macro-Filzschreiber).

und Regen gut abgleiten können. In der Zeichnung bilden sie im allgemeinen eine formbeschreibende Dachziegelstruktur, die teilweise in plastisch aufgebuckelte Felder gegliedert ist. Die Schwung- und Steuerfedern sind lang, schmal und sehr fest. Die zum Steuern dienenden Schwanzfedern haben symmetrisch ausgebildete Fahnen, die aber nur bei der mittleren oberen ganz zu sehen sind, die übrigen sind darunter und nach beiden Seiten treppenartig angeordnet. Ähnlich, jedoch entsprechend einseitig, ruhen die Schwungfedern der Flügel übereinander. Sie sind asymmetrisch gebaut, die schmale Fahne weist immer nach außen. Bei zusammengelegten Flügeln ergibt sich eine streifige, ebenfalls in einzelne Felder gegliederte Treppenstruktur.

Die Statik des Vogels, die Balance seines Rumpfes mit Hals und Kopf, wird durch die ungefähr einen rechten Winkel bildende Knickung zwischen Ober- und Unterschenkel erreicht sowie durch den stumpfwinkeligen Ansatz des Laufes. Diese Knickung läßt eine sehr fein dosierte, unwillkürliche Gewichtsverlagerung zu. Das Hüftkugelgelenk ist in seiner Funktion derart eingeschränkt, daß man sie etwa mit der des menschlichen Kniegelenks im gebeugten Zustand vergleichen kann: beim Schreiten wird der Rumpf um das angewinkelte Hüftgelenk des »Standbeines« seitlich gedreht, so daß es aussieht, als setze der Vogel die Zehen einwärts, am auffälligsten zu beobachten beim sprichwörtlichen Watschelgang der Enten. Bei schmaler gebauten Laufvögeln mit langen Läufen und rasch aufeinanderfolgenden Schritten ist von einer Rumpfdrehung kaum etwas zu bemerken, andere Vögel – wie Sperlinge und Amseln – hüpfen mit beiden Läufen zugleich. All diese und die folgenden Beschreibungen dienen eigentlich nur Ihrer Information und der Anregung, genau zu beobachten.

Denn Sie sollten immer darauf bedacht sein, einen Vogel nur in einer Pose wiederzugeben, die dem bleibenden Erinnerungsbild entspricht. Beispielsweise also nicht im Moment einer ausladenden Nickbewegung, die er mit Hals und Kopf zum statischen Ausgleich beim Laufen macht. Etwas anderes ist es, wenn solche und andere Bewegungen eine emotionale Geste bedeuten: Der Hahn reckt seinen Hals hoch auf, wenn Gefahr droht oder wenn er krähen will, er streckt ihn mit gespreizten Federn weit vor, um dem Nebenbuhler zu begegnen. Es überrascht dann die Länge des Halses: bei vielen Vögeln verbirgt sich unter dem glatten Kegelstumpf des Halsgefieders die ausgeprägte S-Schwingung des nackten Halses, der durchweg aus mehr Wirbeln zusammengesetzt ist als beim Menschen. Mindestens finden sich 12, Schwäne haben sogar bis zu 25. Bei ihnen wie bei vielen Schwimmvögeln, die ihre Nahrung gründelnd unter Wasser suchen, ist die wirkliche Halsform ohne weiteres unter dem feinen, dicht anliegenden Gefieder zu erkennen. Ähnlich verhält es sich bei Straußen und Stelzvögeln.

Alle Tiere suchen ihre Gestalt größer erscheinen zu lassen, wenn sie drohen oder imponieren wollen. Vögel bewerkstelligen das

Kampfbereiter Haushahn (fast leerer und Macro-Filzschreiber).

vornehmlich durch Spreizen ihres Deckgefieders, durch Auseinanderfächern von Flügeln und Schwanz. Die kleine Meise am Futterplatz tut das ebenso wie der Pfau, der seine meterlangen Schwanzfedern zu einem mächtigen, mit »Augen« besetzten Rad aufstellt. Imponierend wirken auch die dekorativen Schläfen- und Kehllappen mancher Hühnervögel. Beim Truthahn ist der größte Teil des Halses von solchen Gebilden umschlossen, die ebenso wie der lange Nasenlappen im Zorn lebhaft rot und blau anlaufen. Man kann ihn übrigens durch schrilles Pfeifen derart aufregen, daß er meist für eine ganze Weile radschlagend als dekoratives Modell posiert.

Die von uns als majestätisch empfundene Haltung der Greife kommt nur zustande, wenn sie auf einem Ast sitzen: zur statischen Sicherung verkleinern sie die Längenausladung, indem sie ihren Körper steil aufrichten und den »Stoß« fast senkrecht herabhängen lassen. Um so überraschender ist es, etwa einen Bussard im Freien oder einen Adler im Zoo auf der Erde dahinschreiten zu sehen: unbeholfen, mit fast waagerecht gehaltenem Leib und Fluggefieder. Welch ein Gegensatz, ihn dann wieder in seinem wahren Element zu beobachten, hoch über Berggipfeln in weiten Kreisen dahinschwebend!

Zoologische Gärten bieten natürlich immer bequemste und vielseitigste Gelegenheiten zum Zeichnen von Tieren. Viele von ihnen benehmen sich dort scheinbar ebenso ungezwungen wie in freier Natur. Gleichzeitig erlauben die ständige Gegenwart und Nähe Detailstudien in aller Ruhe. Zum großartigen Erlebnis werden Tiere jedoch immer erst in ihrem natürlichen Lebensraum, ungezähmt und völlig frei. Nutzen Sie in dieser Hinsicht jede Gelegenheit, zumal wenn Sie Tierdarstellungen zu Ihrem speziellen Hobby erheben. Der beste Platz ist meist ein gut getarntes Versteck am Waldrand, und wenn Sie auch nur beobachten, vornehmlich in der Abend- und Morgendämmerung, so kommen Sie – anders als im Zoo – erst zum rechten Empfinden für die wirklich typische Gestik vieler Tiere, bestimmt vom ewigen Kampf ums Dasein.

Wassertiere

Ständig im Wasser lebende Tiere bildeten seit jeher kaum selbständige Motive der »hohen« Kunst. Es lag wohl daran, daß Zeichner und Maler früherer Zeiten keine Gelegenheit hatten, diese Geschöpfe in ihrem Lebenselement, unter Wasser also, zu beobachten, wie es heute jedermann möglich ist. Sicherlich hat schon manch Berufs- oder Freizeitkünstler an bildliche Darstellungen dieser phantastischen Welt gedacht, gewagt hat es aber immer noch niemand so recht. Daß man an Ort und Stelle nicht skizzieren kann, wäre kein stichhaltiger Grund: Der Gesamteindruck ließe sich unmittelbar nach dem Tauchen zu Papier bringen, und für das detaillierte Studium von Einzelobjekten in aller Ruhe bieten Ihnen nicht nur große, sondern auch kleinste Aquarien zahllose Möglichkeiten: Manch winziger Fisch könnte ohne weiteres als Modell für einen Riesen des Ozeans genommen werden.

Die prachtvollsten Wiedergaben von Fischen, Hummern und Muscheln sind auf Stilleben des 17. und 18. Jahrhunderts zu sehen. Aber es sind tote Tiere außerhalb ihrer natürlichen Umgebung, und wir müssen uns damit begnügen, den Reiz der vielfältigen Farben und Formen zu bewundern. Vom immer noch geheimnisvollen Wesen dieser Tiere und ihrer eigentümlichen Lebensweise gewinnt niemand eine Vorstellung.

Bei neueren grafisch-dekorativen Darstellungen oder Karikaturen von lebend aufgefaßten Wassertieren ist zu bemerken, daß man meistens gedankenlos nach einem Schema verfährt, das den individuellen Formen in keiner Weise gerecht wird. In Wahrheit unterscheiden sich beispielsweise einzelne Exemplare der gleichen Fischart schon farblich voneinander, innerhalb der Gattung aber oft ganz erheblich in der Form. Im allgemeinen hängt sie – wie bei allen Tieren – wesentlich von der Nahrungssuche ab: Jagende, und infolgedessen auf schnelles Schwimmen angewiesene Fische zeigen fast durchweg langgestreckte Stromlinienformen, die wir als »elegant« empfinden. Pflanzen- und Muschelfresser wirken auf uns dagegen plump, nicht selten sogar grotesk häßlich.

Anatomische Kenntnisse sind für bildliche Wiedergaben von Wassertieren, insbesondere von Fischen, kaum eine Hilfe. Es kommt also einzig und allein darauf an, die spezifischen Abweichungen von einer gewissen »Norm« richtig zu erfassen. Schemafigur des Fischprofils ist stets eine mehr oder weniger langgestreckte Tropfenform. Noch deutlicher charakterisiert sie die Plastik des Körpers: Sämtliche durch ihn gelegte Querschnitte gleichen den Umrissen fallender Wassertropfen fast vollkommen, wobei die Spitze zur Rückenlinie weist. Wie Sie erfuhren, gelingt eine Eiform – und desgleichen die spitzer ausgezogene des Tropfens – ohne weiteres, wenn Sie sich an der jeweils entsprechenden exakten Ellipse orientieren, eingespannt in das dazugehörige Rechteck. Infolgedessen werden Sie Zeichnungen von Fischen meist mit umschließenden Rechtecken beginnen. Besonders bei perspektivischen Analysen und Aufrissen erweisen sie sich als sicherste Anfangshilfen. Bei Profilansichten ist es dagegen oft praktischer, nicht nur den Rumpf, sondern die Gesamterscheinung mit einem Rechteck zu umschreiben, also einschließlich aller Flossen. Deren Ansätze, Formen und Proportionen bilden ein wichtiges Charakteristikum der jeweiligen Art; sie sind mittels durchlaufender Linien und Flächenausschnitte zu fixieren. Im übrigen bestehen Flossen aus dünnen, oft durchsichtigen Häuten, versteift und bewegt durch Gräten. Die dazugehörige Muskulatur liegt größtenteils im Rumpf verborgen. Während die paarigen Brust- und Bauchflossen der Steuerung dienen, Rücken- und Afterflosse als Stabilisierungsflächen fungieren, liefert die Schwanzflosse durch Seitenausschläge den Antrieb.

Der Fischkopf wird optisch begrenzt durch den Rand der hintersten Kiemenöffnungen. Die richtige Plazierung der stets kreisrund offenen Augen bestimmt wesentlich die Physiognomie dieser Tiere. Sie wirken unbeweglich glotzend – infolgedessen bezeichnet man ähnliche Erscheinungen auch bei anderen Wesen und selbst bei Menschen als »Fischaugen«. Für die »Mimik« von Fischen ist die Art der Maulöffnung entscheidend: Unwillkürlich vergleichen wir mit den bekannten Ausdrucksvariationen menschlicher Mundbewegungen aufgrund von Gemütszuständen. Wenn wir auch wissen, daß solche Vergleiche mit entsprechenden Rückschlüssen völlig verfehlt sind, könnte der optische Eindruck doch zum Anreiz für eine über den naturalistischen Abklatsch hinausgehende Darstellung werden. Denn das einzige, woraus wir allenfalls etwas über die innere Verfassung eines Fisches ablesen können, sind seine Bewegungsvorgänge, die sich aber im Bild nicht wiedergeben lassen.

Die Schilderung der Plastik eines Fischkörpers gelingt auf relativ einfache Weise mittels der Schuppenstruktur. Im Prinzip besteht sie aus einer zum Schwanz hin meist kontinuierlich dichter werdenden Rauten-Schraffur. Die Linien verlaufen jedoch nicht linealgerade, sondern in Angleichung an die Körperrundungen dreidimensional gebogen. In Längsrichtung werden sie von einer meist deutlich sichtbaren Seitenlinie zwischen Kiemenrand und Schwanzmitte durchkreuzt. Wenn Sie diese optischen Eindrücke richtig erfassen, entsteht nicht nur die Illusion von Plastik, sondern auch ein sicherer Anhalt für Schattierungen, Farbunter-

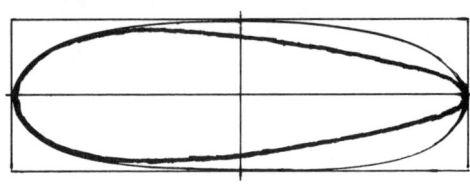

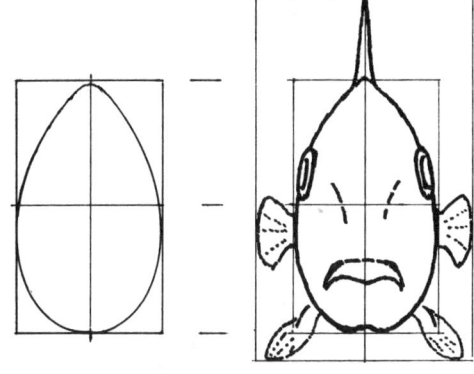

Entwicklung der Tropfenform aus Rechteck und Ellipse. Oben: Profilansicht. Unten: vertikaler Körperquerschnitt und Frontalansicht eines Fisches.

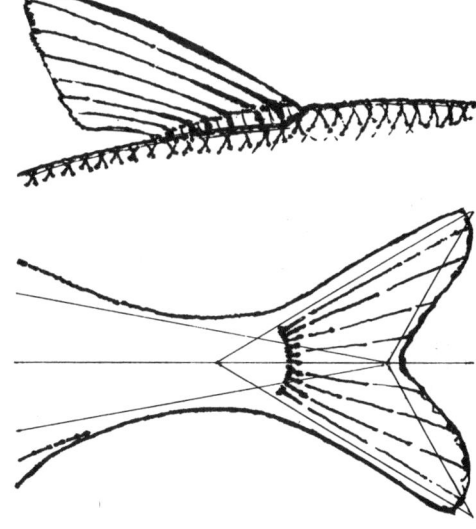

Oben: Ansatz und eine typische Form der Rückenflosse. Darunter: Häufigste Form der Schwanzflosse mit eingezeichnetem Konstruktionsschema.

137

schiede und gelegentlich vorkommende Schuppenunregelmäßigkeiten wie beispielsweise beim Spiegelkarpfen. Bedenken Sie im übrigen, was schon beim Thema »Strukturen« ganz allgemein vermerkt wurde: Andeutungen und Verläufe wirken stets reizvoller und im Anblick natürlicher als konstruktive Vollständigkeiten.

Die Formen von anderen Wassertieren, wie Krebsen, Muscheln, Quallen, sind kaum mit geometrisch definierbaren Hilfsfiguren zu erfassen. Wie bei allen unregelmäßigen Gebilden geht man am besten vom umschließenden Rechteck aus, um sich durch ein Netz von durchlaufenden Geraden und Schwüngen an die wich-

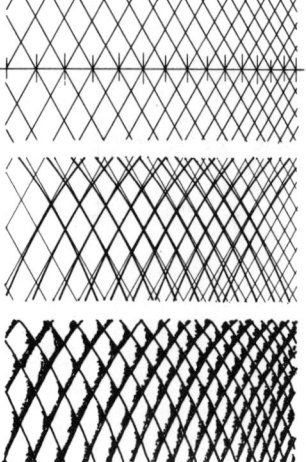

Entwicklung der Fischschuppenstruktur auf konstruktiver Basis (Kopf und normale Schwimmrichtung gehen nach links). Oben: Rautenschraffur, kontinuierlich enger werdend. Mitte: Die Linien folgen abweichend von der Konstruktion den Körperrundungen. Unten: Die »Schattierungen« deuten an, daß die einzelne Schuppe nach außen (hinten) etwas abgerundet und oft auch gezähnt ist.

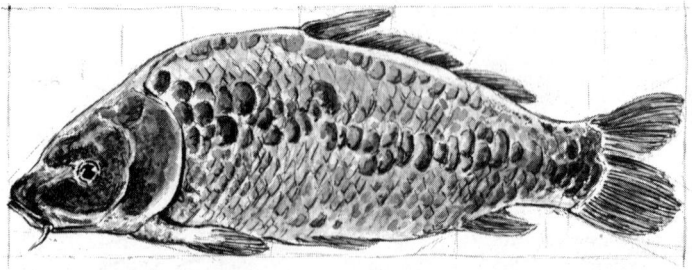

Spiegelkarpfen. Kugelschreiber und Pinsel mit Aquarell-Paynesgrau. Das umschließende Rechteck verdeutlicht die relativ plumpe Gestalt dieses wenig beweglichen Stillwasser-Fisches.

138

Sägesalmler, fast Frontalansicht. Bleimine 2B. Zu dieser südamerikanischen Fischgattung gehören auch die berüchtigten Piranhas. In Schwärmen angreifend, skelettieren sie unter Umständen mit ihren großen, messerscharfen Zahnsägen in wenigen Minuten sogar große Säugetiere und ebenso Menschen. Der furchterregende Gesichtsausdruck paßt also ganz zu ihrer Blutgierigkeit. Kleinere Arten und Jungtiere werden trotzdem häufig in separaten Aquarien gehalten.

tigsten Proportionen und Umrisse heranzutasten. Für die Oberflächenstrukturen gibt es ebenfalls keine Regeln: Der Panzer eines Hummers könnte mit feinem Sand, die Oberseite eines Seesterns mit grobem Kies verglichen und dementsprechend dargestellt werden. Einzig den Seesternen liegt formal eine exakte geometrische Figur zugrunde: der fünfstrahlige Stern, das »Pentagramm«. Dem Unerfahrenen macht es ebensoviel Pein wie

Mephisto in Goethes »Faust«; es gelingt jedoch fix und überraschend genau, wenn Sie sich ein wenig darin üben, es in einem einzigen Zug zu zeichnen.

Hecht. Kugelschreiber und Pinsel mit Aquarell-Paynesgrau und Deckweiß. Mit der Schräglage des Rechtecks ist bereits die typische »Lauerstellung« dieses Raubfisches festgelegt, aus der er blitzschnell auf daherkommende Beute zustößt.

Dreistachliger Stichling. Kugel- und Filzschreiber. Dieser kleine, nestbauende Fisch ist auch im Aquarium zu halten und dort gut zu beobachten, er sieht so manchem Riesen aus den Ozeanen ähnlich. Der »mißmutige« Gesichtsausdruck entspricht durchaus nicht seinem munteren Verhalten.

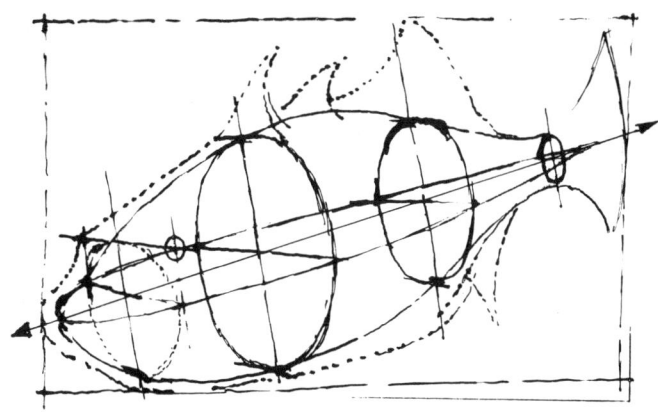

Die Schemazeichnung zeigt, wie man sich über die Plastik der perspektivischen Haltung klarwerden kann.

»Pentagramm«
Die kleinen Pfeilspitzen deuten an, wie der Stift beim Zeichnen ohne abzusetzen geführt wird.

Spezielle Zeichentechniken und grafische Verfahren

Im Zusammenhang mit der Betrachtung der verschiedenen Zeichenutensilien wurde bereits angedeutet, was im allgemeinen damit anzufangen ist. Daraus ergab sich, daß Sie – im Gegensatz zur Malerei – mit dem aufgezählten Material meist unbekümmert um technische Risiken arbeiten können. Eine andere Frage ist es, ob auf diese Weise auch jedesmal technisch wie künstlerisch harmonische Wirkungen zustande kommen. Wie schon bemerkt, gehen Graphit- und Tuscheaufträge optisch nie gut zusammen; fettige Substanzen wie Öl- oder Wachsstifte vertragen sich nicht ohne weiteres mit Kreiden und wässerigen Aufstrichen; wasserfest auftrocknende und löslich bleibende Farben stoßen einander ab.

Indessen lassen sich gerade aus dieser Diskrepanz sehr eigentümliche Verfahren entwickeln, die schließlich technisch ebenso eine Harmonie bilden wie Arbeiten mit substantiell verwandten Materialien. Bei diesen wiederum kommen Sie in einigen Fällen zu besonders reizvollen Ergebnissen, wenn Sie Dinge tun oder verwenden, vor denen im allgemeinen eindringlich gewarnt werden muß, wie etwa vor dem Wischen und dem Gebrauch von Radiermitteln.

Solche Verfahren erfordern jedoch auf der Grundlage ganz bestimmter künstlerischer Ziele jeweils einen wohlüberlegten technischen Aufbau, um Ihre Vorstellungen zu verwirklichen. Versteigen Sie sich jedoch nicht in unnötige Komplikationen und prüfen Sie vor solchem Beginn, ob nicht eine ganz simple Methode ebenso gut oder gar besser zum Ziel führt.

Bleizeichnung

Das eben Gesagte gilt unter anderem für Zeichnungen mit der Graphitmine. Wie Sie schon wissen, kann man zarteste Abstufungen von lichtem bis zu fast schwarzem Grau dadurch erzielen, daß man die ganze Skala der Härtegrade nacheinander anwendet. Mein erster Lehrer verlangte jedoch kategorisch, nur mit einem einzigen und möglichst weichen Stift zu arbeiten. Der Erfolg: ich mußte mir – sehr im Gegensatz zu allem jugendlichen Ungestüm – eine Zartheit des Anfangsauftrages angewöhnen, der mir für immer zustatten kommen sollte. Es war keineswegs eine Erziehung zur peniblen Behutsamkeit oder die Unterdrückung von Temperament und Elan. Es war vielmehr die Erziehung zur Einsicht, daß die vibrierende Spannung anfänglicher Zurückhaltung das erfrischende Draufgehen bis zum rechten Augenblick bremst: ist man erst einmal der Form sicher, dann kann man sich voll und ganz dem temperamentvollen Vortrag hingeben.

Bei der Bleizeichnung ergibt sich aus dem Gebrauch nur eines Härtegrades, der von der beabsichtigten Tontiefe am Schluß bestimmt wird, besonders beim Anfänger eine Harmonie, die er mit zahlreichen Härtegraden nie erreicht. Auch der Könner hat es damit schwer: in das stumpfe, lichte Grau der harten Minen bringt die metallische Schwärze der weichen allzu leicht »Löcher«, dann nämlich, wenn plötzlich sein Temperament durchbricht. Er muß es sich also ganz und gar versagen.

Die Harmonie des Vortrags mit nur einer, eher zu weichen als zu harten Mine wird obendrein noch dadurch erreicht, daß Sie mit fein zugeschliffener Spitze locker und hauchzart beginnen, dann aber nicht mehr nachschleifen: Der Strich gerät mit zunehmendem Aufdrücken nicht nur dunkler, sondern auch breiter. Und diese, sich aus der Natur des Materials wie des Auftrages ergebende zweifache Steigerung, wird immer als angenehm und »richtig« empfunden werden.

Das Verwischen von Bleistrichen sollte sich auch der Könner versagen, und ebensowenig wie der Anfänger sollte er radieren. Erscheint die Korrektur mißratener Kleinigkeiten bei einem sonst wohlgelungenen Blatt wirklich angebracht, dann versuche man das niemals mit dem schmierenden Gummi, sondern nur mit dem zugespitzten Plastikradierer oder dem Radiermesser. Mit der Bleizeichnung verhält es sich ähnlich wie mit dem Aquarell: ihr Wesen bleibt immer das skizzenhaft Flüchtige, der Reiz des Unvollendeten, verbunden mit dem Mut zur Bejahung des Unvollkommenen.

Selbstverständlich muß jede Bleizeichnung zum Abschluß fixiert werden. Geeignet sind alle wasserhellen Universal- und Spezial-Fixative.

Kreidezeichnung

Bei allen Weichzeichnern, zu denen man auch dickere Graphit-
minen rechnen kann, hängt die Bildwirkung wesentlich davon
ab, ob das Papier glatt, gekörnt oder mit eingeprägter Textur
versehen ist. Eine kleine Versuchsreihe zeigt Ihnen das sehr
deutlich: Zeichnen Sie einen einfachen Gegenstand mit einem
Kreidestift auf alle drei genannten Papiersorten – zuerst nur
linear, das zweite Mal auch mit gewischten Halbtönen. Wischen
Sie nur mit dem Finger, nicht etwa mit Kork- oder Waschledergriffeln, die den Pigmentstaub bis in die tiefsten Papierporen
reiben. Noch drastischer kommt die Verschiedenheit der Ober-
flächen zum Ausdruck, wenn Sie, statt zu wischen, die Halbtöne nur mittels quer aufgesetzter Kreidestücke angeben. Alle
Resultate dieser Versuche zeigen Ihnen, daß Sie mit der Wahl
des Papiers schon weitgehend den Charakter einer Weichstrich-
Zeichnung bestimmen.
Die Unterschiede der Papieroberflächen werden zum Teil auf-
gehoben, wenn Sie ein Verfahren anwenden, das sich vornehmlich für Porträt- und Aktzeichnungen in Rötel, Sepia oder
schwarzer Kreide eignet, schließlich auch für einfarbige Pastell-

*Unvollendete Studie mit Blei 4B. Die Strichführung verschwindet
zwar weitgehend im rauhen Papierkorn, andererseits bringt es
ohne eigentliches Zutun eine narbige Lederstruktur hervor, und
diese Möglichkeit bestimmte auch die Wahl des Papiers.*

zeichnungen. Es läuft darauf hinaus, eine bis zum Schluß ohne Bindung bleibende Einfärbung des Papiers als Mittelton zu gewinnen, der durch Auflichten wie Abdunkeln plastische Formmodellierungen in beliebig feiner Abstufung auf einfachste Weise ermöglicht.

Skizzieren Sie zunächst die Komposition, alle äußeren Konturen und wichtigsten Detailformen. Bereits die ersten tastenden Linien können stärker ausfallen, als ich es sonst anrate, und die mehr oder weniger als endgültig zu betrachtenden Konturen sollen sogar recht kräftig nachgezogen werden. Denn nun wird deren von vornherein beabsichtigter Pigmentüberschuß zu der erwähnten Grundtönung des ganzen Blattes verrieben. Das geschieht mit einem reinen Wattebausch oder Stoffballen – erst ganz leicht, dann mit kräftigem Druck und, wie bei den meisten Grundtönungen, am besten kantenparallel, sowohl längs wie quer. Die entstehenden waagerecht-senkrecht verlaufenden Unregelmäßigkeiten bilden einen tektonisch ruhig wirkenden Gegensatz zu den Rundungen des natürlich Gewachsenen. Durch kreisendes Reiben erzielen Sie meist einen wolkigen, unruhigen Grund.

Haben Sie mit dem härtesten der drei üblichen Weichheitsgrade gezeichnet, dann erreichen Sie nur eine blasse Papiertönung, und fast alle Linien bleiben sichtbar. Bei Verwendung weichster Stifte ist es umgekehrt, und eventuell sind dann von der Zeichnung nur noch Spuren zu erkennen. Zumindest verlieren sich alle tastenden Skizzierstriche in der Grundtönung. Dem noch unsicheren Anfänger wird das angenehm sein, denn er kann bei Wiederholung des ganzen Vorganges ausgiebig korrigieren. Fühlen Sie sich jedoch sicher genug, gleich beim ersten Versuch die Hauptlinien mit dem härtesten Stift endgültig festzulegen, dann müssen Sie meist noch Pigment aufbringen, um den erwünschten Mittelton zu erzielen. Entweder reiben Sie Ihren Zeichenstift auf feinstem Glaspapier ab, nehmen das gewonnene Pulver mit dem Wattebausch auf und betupfen damit die Bildfläche, um es wie üblich zu verreiben – oder Sie streichen ein breit aufgesetztes Stiftbruchstück quer wie längs über das Blatt und reiben entsprechend nach. Die Tönung fällt dann wesentlich streifiger und intensiver aus, auch tritt die Beschaffenheit der Papieroberfläche wieder deutlich in Erscheinung. Wie Sie verfahren wollen, ist eine Frage Ihres Geschmacks und Ihrer Absichten. Im allgemeinen verlangt eine feine Zeichnung eine möglichst gleichmäßige Tönung, kräftige und großzügige Linien vertragen gröbere Tönungsstrukturen.

Die endgültige Durcharbeitung geschieht auf zweifache Art. Zunächst vollenden Sie die Zeichnung soweit wie möglich nur mit Strichlagen, anfangs zart, vor allem bei der Anlage plastischer Schattierungen, energischer bei größeren, zusammenhängenden Dunkelflächen. Jedes weitere Wischen wäre nun höchst verwerflich, es führt nur zu schmierig-dumpfen Wirkungen. Der Reiz des Verfahrens besteht einesteils im Kontrast klarer, mehr und weniger zarter Strichlagen gegenüber der flächenhaften Grundtönung. Zum anderen aber darin, daß Sie etwas »Verbotenes« tun können, im Prinzip sogar tun sollen: Mit dem Gummi nehmen Sie aus der Grundtönung plastisch modellierende Helligkeiten heraus und, als letzte Pointe, eventuelle Glanzlichter. Allerdings müssen Sie sich gerade dabei hüten, zuviel des Guten zu tun. Weniger wird meist mehr sein. Stellen Sie Ihr ganzes Konzept darauf ab, zunächst ohne Aufhellungen auszukommen. Manchmal genügt es beim Porträt, lediglich das Weiße des Augapfels ein wenig aufzulichten und die winzigen Glanzlichter auf Iris und Pupille herauszuholen. Großflächige zarte Abschwächungen der Grundtönung nehmen Sie mit Knetgummi oder Brotkrume vor. Für schärfere Lichter benutzen Sie einen passend zugeschnittenen Plastikradierer. Punktförmige Glanzlichter gelingen Ihnen am sichersten mit einem scharfen, äußerst behutsam zu führenden Radiermesser und am besten erst nach dem unbedingt notwendigen Abschluß-Fixieren. Es härtet das Papier ein wenig, so daß Sie nicht so sehr Gefahr laufen, seine Oberfläche faserig aufzureißen. Bevor Sie die letzte Brillanz mit dem Radiermesser angehen, versuchen Sie, allein mit dem zugespitzten Radierer auszukommen, den nötigen Kontrast eventuell durch stärker eingesetzte Dunkelheiten zu geben. Überhaupt werden Sie in der Endphase durch wechselweises Auflichten und Abdunkeln am ehesten ein Zuviel in jeder Hinsicht vermeiden.

Um die Endwirkung sicher zu beurteilen, decken Sie das Blatt in den letzten Stadien mit weißen, passepartout-ähnlich aufgelegten Kartonstreifen ab. Notfalls wird eine im ganzen zu flau geratene Zeichnung fixiert und nochmals getönt und überarbeitet. Aufhellungen sind dann nur noch beschränkt möglich – vom radierten Glanzlicht abgesehen.

Für mehrfarbige Zeichnungen ist das Verfahren meiner Ansicht nach kaum geeignet, seien sie auch noch so grafisch aufgefaßt. Gute Wirkungen erzielen Sie indessen mit zwei in der Tönung verwandten Stiften, etwa mit Rötel für die Fleischpartien und Sepia für Dunkelfläche wie Haare und Gewandteile, eventuell auch für Schmuck. Ähnlich gut gehen Sepia und Schwarz zu-

Porträt-Studie mit schwarzer Kreide auf schwach gekörntem Papier. Für die Zeichnung posierte ein Freund am Ende einer langen Nacht, wobei er weinselig einnickte und so das ruhigste »Modell« abgab — daher die sowohl schlaffe als auch übertrieben hervortretende Gesichtsplastik, noch verstärkt durch einseitige Beleuchtung. Das verlockte geradezu, eine kräftige Grundtönung aufzureiben und zum Schluß alle Lichter mit dem weichen Gummi herauszuholen, um das Groteske der Erscheinung wirklichkeitsnah wiederzugeben.

sammen, dagegen ist der Kontrast zwischen Rötel und Schwarz meist viel zu groß. Arbeiten Sie mit Pastellstiften, dann können Sie mit bestem Erfolg eine helle und eine dunkle Ausmischung des gleichen Volltones anwenden, wobei die Grundtönung stets mit der helleren anzulegen wäre.

Pinselzeichnung

Zu Beginn der Erörterung »Zeichnung – Grafik – Malerei« war bereits von den vielseitigen grafischen Ausdrucksmöglichkeiten des Pinsels die Rede. Seine besonderen Eigenschaften kamen bei

Pinselzeichnung mit Aquarellfarbe (Englischrot) auf angefeuchtetem Japan-Hadernpapier. Solche reizvollen Versuche bleiben immer Glücksache, weil es keine Korrekturmöglichkeiten gibt.

den bisher gezeigten zeichnerischen Studien noch kaum zur Geltung. Pinselaufträge dienten dort lediglich als Hilfen, um linearen Aufrissen durch die Anlage von zusammenhängenden und verlaufenden Schattierungen auf ebenso einfache wie rasche Weise räumliche Tiefe und Oberflächenplastik zu verleihen. Dabei handelte es sich durchwegs um Laviertechniken: Entweder wurden wasserlösliche Tintenstriche tonig verwaschen oder unlösliche Feder- beziehungsweise Stiftaufträge mit lasierendem Aquarellschwarz übergangen. Wollte man äquivalente Wirkungen konsequent mit Linien erreichen, gelänge das nur mit behutsam abgestimmten und entsprechend zeitraubenden Schraffuren.

Bei regelrechten Pinselzeichnungen kommen weder Stifte noch Federn zur Anwendung. Auch eventuelle Vorzeichnungen geschehen im allgemeinen mit einem feinen Pinsel und so stark verdünnter »Farbe«, daß noch eben erkennbare Spuren entstehen. Da sie sich ebensowenig löschen lassen wie kräftigere Aufträge, sollten sie in das Gesamtkonzept auf ähnlich reizvolle Weise einbezogen werden wie die anfänglichen Spinnweblinien bei Stiftzeichnungen. Einer derart aufgebauten Pinselzeichnung haftet natürlich immer etwas Skizzenhaftes an. Wer das vermeiden möchte, muß so behutsam vorgehen wie die klassischen Ostasiaten: Die erste, tastende Anlage nehmen sie so zart vor, daß sie in der fertigen Arbeit höchstens noch als feine Bildgrundstruktur zu erkennen ist, die eher belebend als störend wirkt.

Im allgemeinen empfiehlt sich, möglichst große Pinsel zu benutzen: sie fassen mehr Farbe, die Arbeit geht flotter und temperamentvoller voran, sie gerät großzügiger und monumentaler. Außerdem kann man mit großen Pinseln bester Qualität Feinheiten oft ebensogut und müheloser ausführen wie mit kleinen.

Pinsel werden aus Schweinsborsten, Rinder-, Wolfs-, Ziegen- oder Dachshaaren hergestellt sowie aus den Schweifhaaren von Marder, Eichhorn, Wiesel und Iltis. Die Bezeichnung »Fischpinsel« beruht auf einer deutschen Verballhornung des englichen fitchew, gleich Iltis. Seit einiger Zeit gibt es auch Nylon-Pinsel, vor allem für Acrylfarben. Grundsätzlich ist die Herkunft der Borsten und Haare nicht als Qualitätsmerkmal aufzufassen, weil jede Pinselsorte am rechten Ort ihre besondere Aufgabe hat – der relativ billige aus Borsten ebenso wie der kostbare »Rotmarder«. Völlig unbrauchbar sind lediglich die für Pfennige angebotenen »Schulpinsel«. Sie werden anscheinend nur hergestellt, um begeisterten Anfängern für alle Zeit das Vergnügen am Malen zu nehmen. »Der beste Pinsel ist für den ersten Beginn gerade gut genug«, und »ein erstklassiger Pinsel bedeutet die Hälfte des Gelingens« – in diesem Sinn hat sich manch berühmter Maler geäußert.

Die Qualität prüfen Sie, indem Sie den Pinsel für ein paar Sekunden in Wasser tauchen und kräftig ausspritzen. Seine Enden müssen dann dicht und ein wenig konisch zusammenlaufen, feinere Rundpinsel eine Spitze bilden, die bei der besten Rotmarder-Sorte für Aquarell nadelscharf ausläuft. Fabrikneue Pinsel sind meist mit ein wenig Leim versteift, damit sie bei Transport und Lagerung nicht beschädigt werden. Sie müssen erst mit lauwarmem Wasser gut ausgewaschen werden, bevor man die Probe macht. Bei schon häufig gebrauchten Pinseln ist selbstverständlich die natürliche Abnutzung zu berücksichtigen, vor allem die feine Spitze ist bald dahin. Doch nicht wenigen Malern sind abgenutzte Pinsel lieber als nagelneue, sie müssen nur tadellos gepflegt sein.

Am wichtigsten ist es, daß weder in Borsten noch in Haaren jemals Farbe eintrocknet. Leicht zu vermeiden ist das natürlich bei Aquarellieren, doch obwohl erstklassige Aquarellpinsel die teuersten von allen sind (sie kosten mindestens zehnmal soviel wie entsprechende Borstenpinsel), werden sie oft besonders achtlos behandelt. Sie sollen schon beim Pinselwechsel in Wasser ausgeschwenkt werden und naß liegenbleiben, bis man sie wieder braucht oder die Malerei beendet ist. Viele stellen sie indessen einfach tief ins Wasser, mit dem Erfolg, daß erstens die kostbaren Haare krumm werden, zweitens sogar lackierte Stiele allmählich aufquellen und die Zwingen ausweiten. Danach sind sie derart wackelig, daß es einen beim Malen rasend machen kann. Kein Pinsel darf über die Blechzwinge hinaus ins Waschmittel getaucht werden.

Für wasserlöslich bleibende Leimfarben genügt lauwarmes Leitungswasser. Heißes würde das Kolophonium erweichen, das Borsten oder Haare in der Zwinge festhält. Nach dem Waschen drückt man Borsten ebenso wie Haare behutsam mit den Fingern aus und danach mit weißem, weichen Papier, zum Beispiel mit Toilettenpapier. Sie sehen dann sogleich, ob noch Farbreste im Pinsel sind.

Zum Trocknen werden Pinsel so an eine Tischkante gelegt, daß sie bis zur Blechzwinge überstehen. Noch besser hängt man sie mit straffen Wäscheklammern kopfunter an eine Leine. Sind sie völlig trocken, verwahrt man sie am besten in einer mottensicheren Schachtel, wo sie flach nebeneinander liegen und nicht mit den Spitzen anstoßen. Es ist zwar nichts dagegen zu sagen, sie aufrecht in einen Topf zu stellen, doch verstauben sie mit der Zeit. Zu jeglichem Transport, womöglich im feuchtem Zustand, werden sie in entsprechenden Abständen auf ein öfter zu erneuerndes Stück Wellpappe gelegt und fest eingerollt, gesichert durch einige straffe Gummibänder. Das ist billiger und besser, als die üblichen Bast- oder Stäbchenmatten zu verwenden, die bald verschmutzt sind.

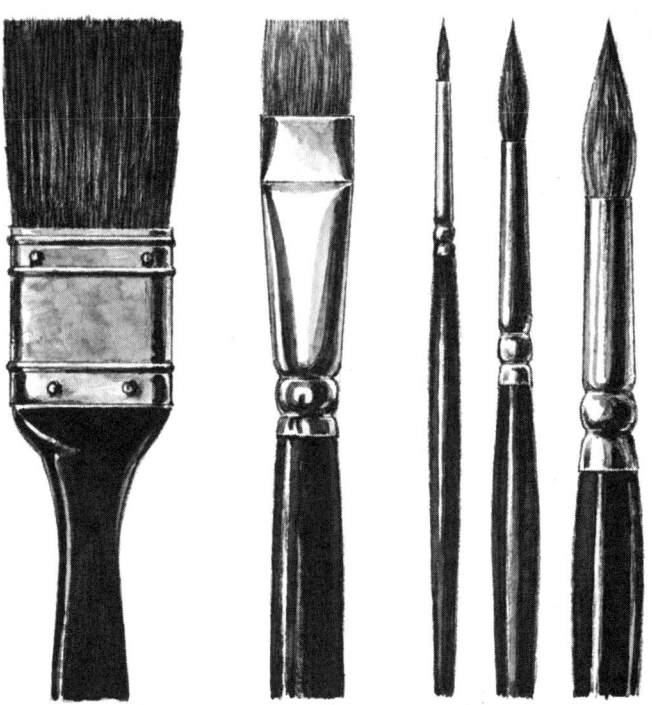

Haarpinsel. Von links: »Vertreiber« oder Lackpinsel zum Anlegen größerer Flächen; Plattpinsel aus Rindshaar; drei »Fisch«- oder Rotmarder-Aquarellpinsel.

Zum Zeichnen eignen sich vorwiegend Haarpinsel, solche mit Borsten braucht man entweder auf der Wand oder um extreme Aufstrichstrukturen zu erzielen.

Das klassische Zeichenmittel der Ostasiaten war und ist die jedesmal vor Gebrauch anzureibende Stangentusche. Was es damit auf sich hat und welche Vorteile sie gegenüber der bei uns handelsüblichen Perl- oder Ausziehtusche besitzt, vermerkte ich bereits im Abschnitt »Federn und Tuschen«. Daraus entnehmen Sie auch, daß es im allgemeinen ratsamer und praktischer sein wird, Aquarellschwarz zu verwenden oder, wenn es auf sehr

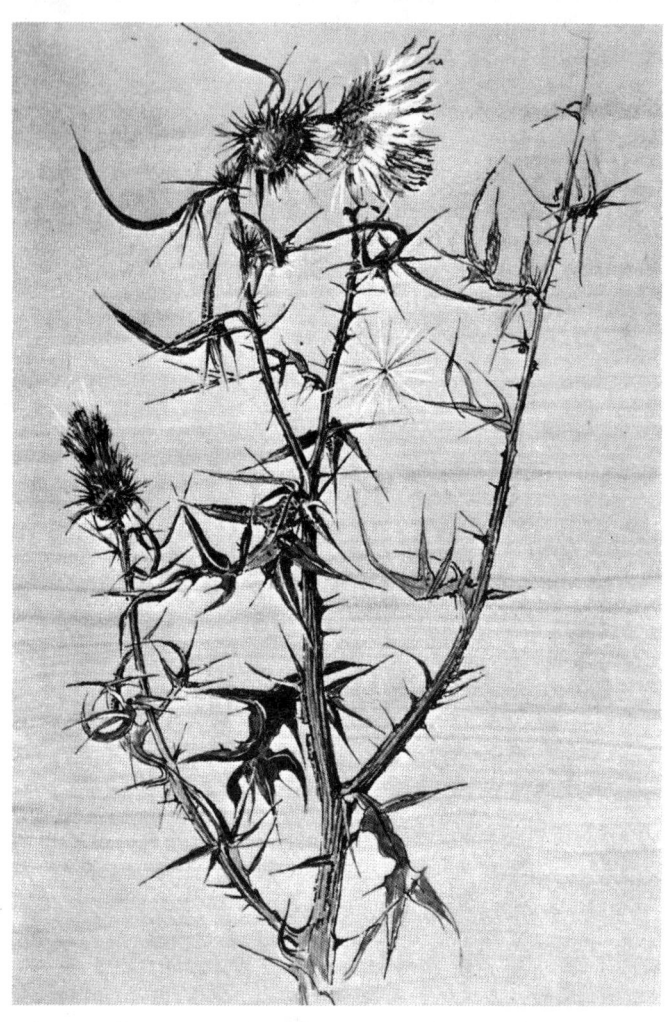

Distel. Tönung des Grundes mit stark verdünntem Aquarell-
schwarz; Vorzeichnung mit Blei 4H; Ausarbeitung zuerst mit spitzer
Feder und verdünnter Tusche, dann mit Marderpinsel Nr. 2.

fein abgestufte Grauwerte ankommt, Paynesgrau. Allerdings tendiert es zu kühlem Violettblau, und wer insbesondere in Graulasuren warm wirkende Tönungen bevorzugt, muß zu Lampen- oder Rebschwarz greifen. Für durchweg tiefschwarze Aufträge eignen sich alle Deck- und speziellen Grafikerschwarz, die es auch auf Kaseinbasis und also unlöslich auftrocknend gibt. Zur Verdünnung sind sie kaum geeignet, das gleiche gilt für Deckfarben.

Pablo Picasso.
Don Quijote und Sancho Pansa, Tuschpinsel auf Papier. Trotz der einfachen Mittel (kaum nuanciertes Schwarz) ist alles zu spüren: die Hitze einer kahlen Ebene, der Irrsinn der Hauptfigur, die brave Geduld des Sancho.

153

Die Wahl des Papieres, das Sie wohl ausschließlich als Bildgrund verwenden werden, nuanciert je nach Saugfähigkeit und Oberflächenstruktur die Wirkung des Pinselstrichs. Hervorragend geeignet sind natürlich immer Aquarellblocks mit Profluoro-Blättern, die ringsherum verklebt sind. Meist haben Sie dann auch keinen Ärger mit bleibender Wellung nach Vollendung der Arbeit. Auf jeden Fall sollte das Blatt vorher angefeuchtet werden, denn selbst wenn es vor dem ersten Pinselauftrag wieder völlig trocken erscheint, bilden sich kaum patzige oder gerinnende Ränder wie so oft auf Papier, das keine Spur von Feuchtigkeit enthält. Etwas anderes ist es bei einem Blatt, das kurz zuvor mit Aquarellfarbe getönt wurde. Es muß vollständig trocken sein, damit der Grundanstrich nicht mit den nachfolgenden Aufträgen verschmiert. Zu solchen Tönungen rate ich sehr, wenn Sie mit Deckschwarz darauf gehen oder sehr feine, auch mehrfarbige Pinselzeichnungen ausführen, bei denen Sie immer nur winzige Farbmengen in einem Zug auftragen und weitere erst, wenn das Vorhergehende trocken ist.

Als vielseitigste, jede Auftragsart zulassende Zeicheninstrumente erweisen sich Haar-Rundpinsel, denn meistens werden Sie bei Pinselzeichnungen aquarellierend vorgehen. Verwenden Sie Schwarz oder eine Farbe nur absolut deckend, so tun Rundpinsel zwar ebenfalls beste Dienste, jedoch lassen sich dann auch mit Haar-Plattpinseln eigenartige Effekte erzielen. Dagegen verlocken Rundpinsel in Verbindung mit deckenden Aufträgen eher zu temperamentvollem Elan.

Die klassische, der Bezeichnung Grafik gerecht werdende Pinselzeichnung wird entweder in Schwarz oder in einer einzigen Farbe ausgeführt, und beide können sowohl deckend wie in unzähligen Helligkeitsabstufungen erscheinen, die verlaufen oder scharf abgegrenzt neben- und übereinander stehen. Es ergibt sich also eine weite Spanne zwischen malerisch-weichem und hartem, plakativem Auftrag.

Zu den klassischen Verfahren gehört auch der weiße Papierton als Hintergrund oder stärkste Helligkeit. Niemals sollte Deckweiß aufgesetzt oder damit korrigiert werden! Indessen stehen deckende Aufträge zuweilen schöner auf grauem oder farbigem Papier, das Sie selbstverständlich immer selbst antönen. Dabei wirkt ein ausgesprochen streifiger oder in anderer Weise strukturierter Anstrich meist besser als ein ganz glatter, der ohnehin kaum gelingt, es sei denn, er wird dick und deckend ausgeführt. Das aber wäre unangebracht, weil von ihm gewöhnlich eine dumpfe Wirkung ausgeht, während selbst kräftig lasiertes Pa-

Rembrandt Harmensz van Rijn (1606–1669).
Schlafendes Mädchen, 24,5 x 30,3 cm, Sepia-Pinselzeichnung
(London, Britisches Museum).

pier aufgrund der Lichtreflexion immer noch ein leuchtendes
Schimmern behält.

Aussprengtechnik

Jeder um die Verwirklichung einer schöpferischen Idee ehrlich bemühte Künstler wird danach trachten, Unvollkommenheiten und Zufälle bei der Entstehung seiner Arbeit zu vermeiden. Wieweit ihm das gelingt, hängt natürlich in erster Linie von seiner Fähigkeit und Übung ab. Indessen können ihm aber auch die gewählte Technik, das Material und manch äußere Umstände Streiche spielen, gegen die er machtlos ist – es sei denn, er beginnt so oft von vorn, bis alles nach Wunsch gerät – wirklich »alles«, ist das überhaupt menschenmöglich? Bejahen wir lieber, daß es nichts Vollkommenes gibt und sehen wir zu, ob sich nicht das scheinbar mehr oder weniger Mißratene schließlich als das Gelungenste erweist, von dem man sich sagen muß: »Das kann ich nie wieder« – eben, weil der Zufall zu Hilfe kam.

Bei dem Verfahren, für das sich die nicht so recht zutreffende Bezeichnung »Aussprengtechnik« eingebürgert hat, bleibt gar nichts anderes übrig. Denn es ist beinahe so etwas wie eine kleine Hexerei, deren Ergebnis auch der souveräne Zauberer nie in allen Einzelheiten genau voraussehen kann.

Die Aussprengtechnik beruht auf den gegensätzlichen Auswirkungen wasserlöslich bleibender und unlösbar auftrocknender Bindemittel. Es handelt sich um ein absolut grafisches Verfahren, das vornehmlich auf krasse Schwarzweiß-Wirkungen abzielt. Am einfachsten ist folgender Weg:

Machen Sie mit irgendeiner billigen, wasserlöslich auftrocknenden Plakat-Temperafarbe eine Pinselzeichnung auf mindestens 90 g schweres Zeichen- oder Aquarellpapier. Wenn sie absolut trocken ist – je nach Wärmeeinwirkung dauert das 10 bis 60 Minuten – streichen Sie mit einem weichen, breiten Pinsel schwarze Ausziehtusche über das ganze Blatt, und zwar sehr flott, jeweils in einem Zug, also nicht hin und her fahrend! Nach völliger Trocknung dieses Anstrichs (warten Sie in jedem Fall wenigstens eine halbe Stunde) legen Sie das Blatt ins Wasser. Schon nach wenigen Minuten kommt die Pinselzeichnung zum Vorschein – zunächst in der aufgetragenen Farbe und noch nicht mit allen Feinheiten. Nehmen Sie nun einen weichen, dicken Haarpinsel oder Schwamm und waschen Sie unter fließendem Wasser nicht nur die letzten Feinheiten der Pinselzeichnung heraus, sondern auch deren Farbe. Das Ergebnis ist wahrhaft verblüffend, erst recht, wenn das Blatt getrocknet ist: Auch die winzigsten Spuren des Pinselauftrags treten weiß zutage, kon-

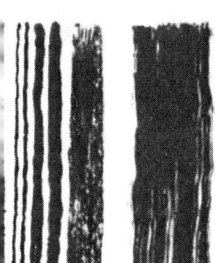

Vorgänge bei der Aussprengtechnik. Links: Pinselaufträge mit grauer, wasserlöslich bleibender Deckfarbe. Mitte: Die Aufträge zu ²/₃ mit Ausziehtusche überstrichen, dabei »sprengt« die Deckfarbe die Tusche manchmal schon stellenweise ab. Rechts: Die Aussprengung nach bloßem Einwässern des Blattes, letzte Feinheiten und Reste des Grau werden mit einem weichen Haarpinsel herausgewaschen.

trastreicher, als Sie das je mit dem Deckweißpinsel auf schwarzem Papier zustande bringen würden. Es gibt also keine Halbtöne, es kann jedoch passieren, daß schwache, sehr dünn lasierte Temperaaufträge von der Tusche durchdrungen und verschluckt werden. Das wäre eine der Unvollkommenheiten, mit der nur dann nicht zu rechnen ist, wenn Sie absolut deckend und immer mit vollem Pinsel zeichnen. Dann aber lohnte sich die Aussprengtechnik gar nicht, weil das gleiche Ergebnis mit Deckweiß auf schwarzem Papier zu erreichen wäre.

Das unnachahmlich Reizvolle der Aussprengtechnik entsteht allein aus einer flotten, skizzenhaft gehaltenen Pinselzeichnung mit relativ dick angesetzter Deckfarbe, deren Verläufe nicht transparent, sondern in porösen Auftragsspuren ausklingen. Derart vorbereitete Farbe läßt jedoch kaum haarfeine Linien mit dem Pinsel zu. Sind sie zusammen mit breiteren Pinselaufträgen erwünscht, so könnte man versuchen, die Deckfarbe mit der Feder einzusetzen, was jedoch ziemlich mühsam ist und oft Kleckse ergibt. Vielleicht aber findet jemand solche Zufälligkeiten besonders reizvoll und rechnet von vornherein damit, etwa bei nichtgegenständlichen Darstellungen . . .

Sinnloserweise wird ständig empfohlen, die zugrunde liegende Pinselzeichnung mit Deckweiß auf weißem Papier auszuführen. Dabei ist es ausgeschlossen, auch nur halbwegs einen Überblick zu gewinnen, was man da eigentlich fabriziert. Keinerlei Schwierigkeiten haben Sie bei Verwendung von Grau oder bunten Farben. Beim Einwässern und Abwaschen verschwinden mit den Bindemitteln auch die Pigmente – es sei denn, sie sind überaus fein verrieben oder es handelt sich um Substrate stark färbender organischer Substanzen, die sich zum Teil unlöslich mit dem Papier verbinden. Es bleibt aber nie mehr als ein schwacher Farbschimmer zurück, und gerade das kann durchaus die erwünschten Effekte ergeben.

Auf diese Weise habe ich zum Beispiel einmal Illustrationen zu Gespenstergeschichten mit grünlichen, bläulichen und violettrosa Tönen ein fast unmerkliches Kolorit gegeben, das den Eindruck von Moder und phosphoreszierendem Licht hervorrief und viel geheimnisvoller wirkte als krasses Weiß. Um die durchgehende Schwärze ein wenig aufzulockern und dem Ganzen eine geisterhaft staubige »Atmosphäre« zu geben, tat ich außerdem folgendes: Ich nahm ein Stück grobe angefeuchtete Leinwand und walzte mit einer Gummirolle, wie sie zum Einfärben von Linolschnitten gebraucht wird, graue Deckfarbe darauf – natürlich nur leicht und oberflächig. Unmittelbar danach legte ich das Leinen auf den Papierbogen, preßte es mit dem Handballen auf und zog es gleich wieder ab. Ich ließ den Aufdruck trocknen und zeichnete dann die Gestalten und Gegenstände mit den erwähnten bunten Deckfarben darüber – übrigens auf der Grundlage einer flüchtigen, auf dem unbehandelten Blatt mit zarten Blei- und blassen Aquarellinien (Ultramarin) ausgeführten Vorzeichnung. Zum Schwarz-Überstrich nahm ich Ausziehtusche.

Natürlich gelang das alles erst nach etlichen Vorversuchen befriedigend. Vor allem mußte ich zunächst herausfinden, wie grob das Leinen sein durfte und wie stark der Walz-Auftrag. Trotzdem fiel kaum ein Blatt auf Anhieb ganz nach Wunsch aus, und beim Aussprengen gab es jedesmal Überraschungen, angenehme und enttäuschende. Gewiß – man kann abschließend noch ein wenig korrigieren, zum Beispiel hier und da eine kompakte Helligkeit stupfend oder punktierend mit Tusche abschwächen. Aber das sollte ein äußerster Notbehelf bleiben, und am besten wird es immer sein, das Blatt so zu lassen, wie es nun einmal geraten ist. Ganz verfehlt wäre es, mit Deckweiß aufzulichten. Solche Aufträge sind nicht arbeitsgerecht und wirken dilettantisch.

Der geschilderte Versuch bedeutet nur eine von unzähligen Möglichkeiten, das Verfahren zu variieren. Somit können Sie beispielsweise ein Schwarzweißblatt nachträglich mit einer oder mehreren Aquarellfarben kolorieren. Wenn dabei Kitsch entstanden sein sollte, waschen Sie die Farben einfach wieder ab. Wirkt

»Der Geist im Keller«, Illustration zu einer Gespenstergeschichte.
Zunächst wurde die Zeichnung (Figur, Gewölbe, Fußboden)
mit getöntem Deckweiß ausgeführt. Nach dem Antrocknen über-
walzte ich ein Stück grobes, angefeuchtetes Leinen mit der Deckfarbe und preßte es für einen Augenblick auf das Zeichenblatt. Die
Wirkung des »Aufdrucks« blieb dem Zufall überlassen, Korrekturen
mit Tusche wurden nach dem Aussprengen nicht vorgenommen.

das Schwarz zu kraß, so geben Sie ihm eine feine, auflockernde Struktur durch Überschleifen des ganzen Blattes mit Glaspapier. Im übrigen sind Sie keineswegs nur an Schwarz und Tusche gebunden. Sie kann zu grau-bräunlichen Tönen verdünnt werden, die Überstriche geraten dann streifig, und ähnlich verhält es sich, wenn Sie farbige Tuschen mischen (die Originaltöne sind durchweg zu grell). Ferner ist es möglich, anstelle von Tusche unlöslich auftrocknende Grafiker- oder Plakatfarben zu verwenden. Dicklich angemacht und mit einem schwachgefüllten Borsten-Vertreiber aufgestrichen, lassen sich Haarstrukturen erzielen. Wenn Sie das in mehreren Lagen versuchen, zum Beispiel kreuz und quer, so warten Sie, bis die erste Lage trocken ist, um ein Verschmieren zu vermeiden.

Zum Schluß noch ein wichtiger Rat: Bevor Sie mit einer Aussprengarbeit beginnen, testen Sie unter allen Umständen die zur Anwendung vorgesehenen Tuschen und Farben! Bei langer Aufbewahrung büßen Tuschen und Scribtol, das ohnehin langsamer abbindet, anscheinend einiges von ihrer Bindekraft ein und lassen beim Abwaschen nur ein lichtes Grau zurück. Ähnlich verhält es sich mit den meist auf Kaseinbasis hergestellten Grafiker- und Plakatfarben. Ferner müssen Sie erproben, welche Deckfarben untilgbare Spuren hinterlassen. Am besten ist es, jede in Frage kommende Farbe einzeln auf ein Probeblättchen aufzustreichen und nach dem Trocknen abzuwaschen, damit Sie eine sichere Vergleichsmöglichkeit mit dem Weiß des Papiers haben. Auch dieses selbst sollten Sie in nassem Zustand auf Reibfestigkeit an einer markierten Stelle prüfen. Nach dem Trocknen sehen Sie dann sehr deutlich, ob die Oberfläche angegriffen wurde. Fertige Arbeiten preßt man fast trocken zwischen Fließpapier.

Schabtechnik

Völlig ausgeschlossen sind Zufälle technischer Art bei der sogenannten Schabtechnik, einem grafischen Verfahren, das auf ähnliche Weise gehandhabt wird wie das Sgraffito, die Radierung oder der Stich. Man zeichnet also mit Sticheln, Nadeln und Schabern aus Stahl, oder auch mit entsprechenden Behelfswerkzeugen. Voraussetzung ist ein zweischichtig präparierter Grund: die untere Lage ist weiß und dick, die obere schwarz und dünn – oder umgekehrt. Ihren eigentlichen Sinn erweist die Schabtechnik jedoch nur, wenn Sie auf schwarzer Oberfläche arbeiten.

Illustration zu »Rumpelstilzchen«. Schabtechnik auf handelsüblichem Schabkarton mit feiner Radierfeder.

Die Zeichnung erscheint dann weiß und kann in einer Feinheit und Präzision ausgeführt werden, wie sie in irgendeiner anderen Technik auch nicht entfernt zu erreichen ist. Dagegen gelingen auf weißer Fläche ähnlich minuziöse Wirkungen auch mit der spitzen Tuschfeder.

Als Handikap erweist sich bei diesem Verfahren die Unmöglichkeit, auf fachgerechte Weise zu korrigieren. Versucht man es bei diesen Techniken, dann entsteht in der Regel ein Schandfleck, der unangenehmer wirkt als die vielleicht ein wenig mißratene Linie. Zu groben Fehlern sollte es eigentlich gar nicht kommen, denn es liegt im Wesen der Ritzzeichnung, besinnlich zu arbeiten, Detail an Detail zu fügen wie kleine Steine beim Bau. Wer schwungvoll durchgehende Linien versucht, muß in Kauf nehmen, daß ihm so manches Blatt total mißlingt. Indessen wird man kleine Ungeschicklichkeiten – ob sie nun dem Anfänger oder dem Könner passieren – wohl nie störend, sondern eher sympathisch finden, wenn man spürt, daß sie aus inni-

Welkender Herbststrauß, unvollendete Studie mit Nadel und Schaber. Auch bei vollständiger Ausarbeitung wurde die helle Fensterfläche nicht restlos ausgeschabt: Die winzigen werkgerechten Überbleibsel der schwarzen Oberschicht wirken lebendiger als glattes Weiß.

ger Versenkung in Einzelheiten eines natürlichen Vorbildes entstanden oder beim kritzelnden Nachtasten grüblerischer Gedanken und Vorstellungen. Deshalb sollten Sie wohl auch auf Entwürfe und Vorzeichnungen verzichten. Fangen Sie lieber unmittelbar auf der dunklen Fläche mit der Hauptsache, dem Schwerpunkt, an, und auf einem so großen Blatt, daß sich zum Schluß durch Abdecken und Wegnehmen ein entsprechender Kompositionsausschnitt gewinnen läßt. Vom Schwerpunkt aus bauen Sie nach allen Seiten weiter, tun Sie aber nicht zuviel! Prüfen

Sie vielmehr in kleinen schöpferischen Pausen immer wieder, ob wirklich noch etwas fehlt.

Gewiß kann man auch anders vorgehen, mit einigen Vorzeichnungslinien in weißer weicher Kreide beginnen, die nach und nach in dem Maß abgewischt werden, wie die eingeritzten Linien aus der dunklen Fläche wachsen. Ob Sie schließlich auch noch mit einem breit angesetzten Werkzeug ganze Flächen freischaben, ist Sache Ihrer Vorstellungen und Absichten. Nur sollten Sie damit nicht so weit gehen, daß man das Blatt nachher auf den ersten Blick für eine Deckweiß-Pinselzeichnung hält und sich bei näherem Zusehen fragt: warum so umständlich, wenn es einfacher und direkter ebenso oder gar besser zu machen ist?

»Schabkarton« gibt es in größeren Fachgeschäften zu kaufen. Leider kostet er etwa fünfmal soviel wie guter Zeichenkarton. Die dünne, glänzende Oberschicht ist sehr empfindlich und auch nicht wasserfest, läßt aber dichteste Haarlinien-Schraffuren zu, ohne auszusplittern, und darauf kommt es in erster Linie an. Die dicke, weiße Unterschicht verträgt ziemlich tiefe Ritz- und Schabspuren, freilich sollte man immer möglichst flach bleiben, damit vor allem beim Freilegen größerer Flächen keine Buckel und Grate wie bei einer Flachschnitzerei entstehen, die bei seitlichem Lichteinfall stark hervortreten und recht störend wirken können.

Als Arbeitsinstrumente genügen fürs erste gewöhnliche Zeichenfedern. Mit ihnen gelingen nur Linien, während man mit »Retouschierfedern« auch Flächen schaben kann. Allerdings müssen Sie solche Behelfswerkzeuge von Fall zu Fall ausprobieren: nicht jede Feder ergibt einen glatten Strich und meist gelingt er auch nur, wenn Sie die Feder nicht in der üblichen Weise, sondern mehr oder weniger gedreht ansetzen. Verwendbar sind auch Näh- und Stopfnadeln, die man in einen passenden Griff, etwa ein Balsaholz-Stäbchen, eintreibt. Hervorragend funktionieren natürlich die Nadeln, Stichel und Schaber, die für Radierer und Stecher hergestellt werden, und wer sich auf Schabtechniken spezialisiert, wird sich ein komplettes Instrumentarium anschaffen. Zum Freilegen größerer Flächen eignet sich auch ausgezeichnet ein Bastlermesser mit kräftigen, auswechselbaren Klingen.

Druckgrafik

Wie der Name andeutet, handelt es sich um Verfahren, bei denen der Künstler selbst »Druckstöcke« herstellt, von denen Dutzende, unter Umständen sogar um tausend Abzüge gemacht werden können. Sie alle sind als »Originale« anzusehen, also nicht etwa zu vergleichen mit Reproduktionen, die auf fotomechanischem Weg entstehen und Auflagen in unbegrenzter Höhe zulassen.

Das Material und die Bearbeitung des Druckstocks bestimmen gleichzeitig das Druckverfahren – und umgekehrt.

In dieser Hinsicht unterscheidet man drei Gruppen:

1. den Holzstich, den Linol- und Holzschnitt; sie sind nur für sogenannten Hoch- und Buchdruck geeignet und lassen sich auch ohne Presse von Hand abziehen.

2. den Metallstich in Kupfer oder Stahl und die Radierung mit ihren Abarten (Schabkunst, Aquatinta, vernis mou, Crayon-Manier, Kaltnadelarbeit); sie werden im »Tiefdruckverfahren« mittels einer Walzenpresse abgezogen.

3. die Steinzeichnung oder Lithografie; sie ist an den »Flachdruck« gebunden, der ebenfalls eine Walzenpresse erfordert.

Entstehen konnte die Druckgrafik erst, als in Mitteleuropa die Papierherstellung erfunden war, also nach 1350. Auch heute noch entscheidet die geeignete Papiersorte das einwandfreie Gelingen einer Druckgrafik. Das klassische Mittel zum Drucken ist eine Art schwarze Ölfarbe, bestehend aus feinstem Ruß verschiedener Herkunft, Leinölfirnis und Terpentinöl. Druckerschwärze gibt es in Tuben und Kilodosen, desgleichen entsprechende Buntfarben. Die Zahl der Abzüge hängt von der Widerstandsfähigkeit des Druckstock-Materials ab: Linoleum und in Wuchsrichtung geschnittenes Holz (Bretter) ergeben die niedrigsten, Kupfer und insbesondere Stahl die höchsten Auflageziffern. Erste Drucke fallen naturgemäß schärfer und klarer aus als spätere, und da der Künstler neben seiner handschriftlichen Signatur meist auch noch die Abzugsnummer vermerkt, gibt diese einen gewissen Qualitäts- beziehungsweise Wertmaßstab.

Lithografie

Heutzutage wird der Ende des 18. Jahrhunderts von Aloys Senefelder erfundene Steindruck nur noch selten in der ursprünglichen (und schönsten!) Art ausgeführt: Auf einen glatt geschliffenen Block aus Solnhofer Kalkschiefer zeichnet der Künstler mit Stiften oder Tinten, die Fett enthalten. Wie bei allen Druckstöcken, muß das naturgemäß »seitenverkehrt« geschehen, denn der Abzug ergibt stets ein Spiegelbild.

Hat der Künstler sein Werk getan, beginnt der Drucker seine

Käthe Kollwitz (1867–1945).
Selbstporträt, Kreidezeichnung auf Ingrespapier für lithografischen Umdruck (32 x 29 cm).

Marga Hofer.
Wiesenblumen, Federzeichnung auf Alu-Folie für lithografischen
Umdruck. Bemerkenswert bei dieser Autodidaktin (von Beruf Apo-
thekerin) ist sowohl der Blick für das Sujet (ein Kind hatte die
Blumen gepflückt und schon halb verwelken lassen) als auch der
»naive« und dennoch treffsichere Federstich.

Arbeit damit, die Steinplatte anzufeuchten und mit Druckerschwärze zu überwalzen. Dann legt er einen Bogen schwach geleimtes Papier darauf und kurbelt das ganze durch eine Walzenpresse. Ist der Abzug einwandfrei gelungen, gibt er ein Spiegelbild der Künstlerzeichnung bis zur letzten Feinheit getreu wieder. Das Verfahren beruht auf der Fähigkeit des Steines, sowohl Fett als auch Wasser anzusaugen und wo das eine schon sitzt, wird das andere nicht angenommen. Das heißt, die Druckerschwärze haftet nur an den Stellen des Steines, die der Stift oder die Feder mit fetthaltiger Substanz bedeckt haben.

Freilich geht das Ganze nicht so simpel vor sich, wie geschildert: Das Zurichten des Steines, dessen Nachbehandlung und der Druckvorgang sowie die Papierwahl erfordert nicht nur eine regelrechte Handwerkslehre, sondern auch eine wohlausgestattete Werkstatt. Es wäre ein Glücksfall, wenn Sie noch eine in Ihrer Nähe finden, andernfalls wenden Sie sich an einen Meister, der auf das seit geraumer Zeit bekannte Verfahren eingerichtet ist, anstelle von Solnhofer Kalkschiefer dünne Metallfolien zu verwenden. Lassen Sie sich diese schicken und dazu geeignete Stifte oder Tuschen, mit denen Sie – seitenverkehrt! – auf die Folie zeichnen, um praktisch gleichartige Drucke zu erhalten, als ob Sie sich an Ort und Stelle der gewichtigen Steine bedient hätten.

Außerdem gibt es »Umdruckpapier« mit folgender Funktion: Sie zeichnen darauf mit Spezialstiften oder -tuschen seitenrichtig. Anschließend klatscht es der Druckmeister auf dem Stein ab und verfährt wie oben geschildert.

Holzstich, Linol- und Holzschnitt

Während Sie es bei einer Lithografie mit gewohnten Geräten und Materialien zu tun haben, also mit Stift, Feder oder Pinsel und »Farbe«, entstehen die Stöcke für Hochdruckverfahren mit ritzenden und schneidenden Instrumenten, also im Prinzip auf ähnliche Weise wie Schabzeichnungen. Diesen am nächsten kommt der Holzstich. Obwohl in ihm wesentlich größere Ausdrucksmöglichkeiten schlummern als im Holz- oder Linolschnitt, und er infolgedessen auch mehr »Ansehen« genießt, ist er technisch relativ einfach. Freilich – bei feinster Ausführung erfordert er nicht nur einen wohldurchdachten, bis ins Detail gehenden Entwurf, sondern auch Zeit, Geduld und ein hohes Maß an Präzision. Wem das liegt, der erntet zum Lohn wahrhaft kostbare Blätter.

Als Druckstockmaterial kommt einzig und allein eine quer zur Wuchsrichtung aus dem Stamm geschnittene, spiegelglatt geschliffene »Hirnholz«-Platte in Betracht. Besonders geeignet sind so dichte Holzarten wie Birn- und Buchsbaum, notfalls auch Ahorn und Buche, von der übrigens die Begriffe »Buchstabe« und »Buch« herrühren. Wenn Sie nicht im Tischlerhandwerk geübt sind, ist es aussichtslos, Hirnholztafeln selbst herstellen zu wollen: Der geringste Kratzer in der Oberfläche erscheint im Druck als weiße Linie. Einwandfreie Hirnholztafeln gibt es in jedem größeren Fachgeschäft (leider sind sie nicht eben billig) und meist auch die notwendigen Stichel. Es sind die gleichen, mit denen der Kupfer- und Stahlstecher arbeitet, oder ein Graveur, der sie eventuell auch beschafft. Außerdem empfiehlt sich ein »Hohleisen«, wie es der Holzbildhauer verwendet. Es sollte jedoch kleiner, also wie ein Stichel, gearbeitet sein.

Vor Arbeitsbeginn wird die Platte dunkel getönt, indem Sie weiche, schwarze Kreide auftragen und so lange verreiben, bis die Fläche dunkelgrau aussieht. Anschließend wird sie ein wenig mit dünnem Kunstharz-Fixativ übersprüht. Wenn Sie nun mit dem Vierkant-Stichel eine Linie ausheben, erscheint sie ebenso wie beim Abdruck auf Papier, nämlich hell, jedoch seitenverkehrt. So müssen Sie auch die ganze Arbeit ausführen. Zuvor jedoch eine Warnung: Folgen Sie keinesfalls den »üblichen« Empfehlungen, die Platte mit Aquarell- oder Deckschwarz einzustreichen! Deren Wassergehalt läßt die Hirnholzkapillare unregelmäßig aufquellen, so daß beim Druck stellenweise ein unklares, »aufgerastertes« Schwarz erscheint.

Es gab und gibt speziell begabte Stecher, die ohne jede Vorzeichnung arbeiten. Im allgemeinen führt das aber zu Enttäuschungen, die einem alle Lust zu weiteren Versuchen in dieser doch meist aufwendigen Technik nehmen können. Probieren sollten Sie es trotzdem, um die Arbeitsgeräte sicher in den Griff zu bekommen und zu sehen, was zu erreichen ist. Häufig genügt ein einziger guter, stets fachgerecht nachzuschleifender Stichel.

Sobald Sie einigermaßen mit dem Stichel umgehen können, machen Sie einen Entwurf in der gleichen Größe wie die Platte, die Sie benutzen wollen. Anfangs sollte sie nicht kleiner sein als eine Postkarte, denn sie wird mit der linken Hand gehalten, während die rechte den Stichel führt. Mit kleineren Formaten ist schlecht umzugehen, es sei denn, man leimt sie auf eine größere Unterlage, die auch das Abziehen von Hand erleichtert.

Wladyslaw Skoczylas (1883–1934).
Porträt eines Goralen (Bergbauer aus der Hohen Tatra), Holzstich
26 x 22,5 cm. Skocylas war einer der bedeutendsten Meister des
polnischen Holzstichs und -schnittes.

Den Entwurf skizzieren Sie zunächst auf irgendein Zeichenblatt,
pausen ihn – verbessernd – auf Transparentpapier, reiben dessen Rückseite mit weißer Kreide ein und pausen auf schwarzen
Schabkarton.

169

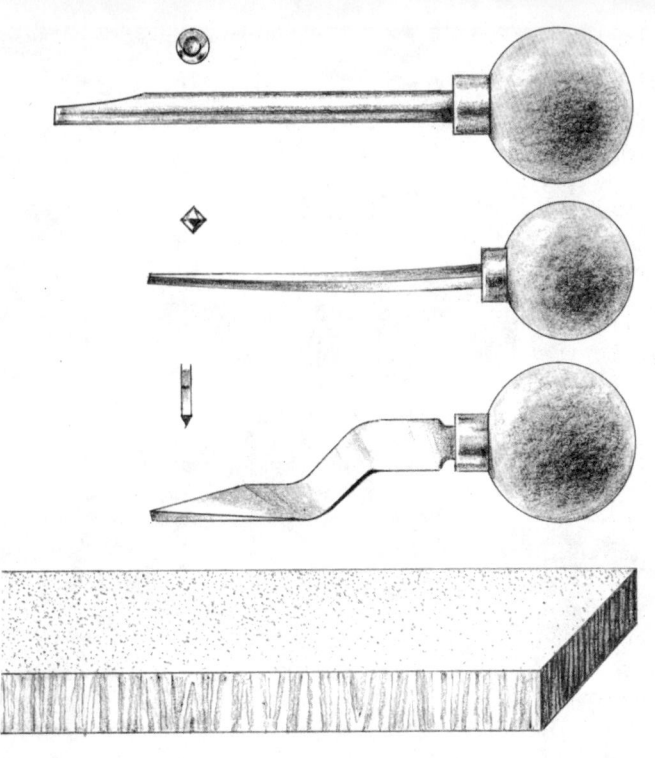

*Hirnholzplatte als Druckstock. Darüber: Stichel für Gröberes.
Mitte: Stichel für feinste Linien. Oben: Hohleisen. Die Griffkugeln
liegen stets in der hohlen Hand, der gestreckte Zeigefinger liegt
auf den Eisen und übt so den notwendigen Druck aus.*

Wenn Sie diesen nun in bekannter Weise, jedoch im Sinn der
Stichelführung oder gar mit diesem selbst bearbeiten, erhalten
Sie einen praktisch gleichartigen Eindruck von dem, was der
Abzug vom Druckstock bringen wird. Wollen Sie noch sicherer
vorgehen, dann führen Sie das ganze noch einmal seitenverkehrt
auf Schabkarton aus und benutzen diesen als Stichvorlage. Sie
werden sehen, wie sehr das Ihre Arbeit erleichtert! Stechen Sie
indessen seitenverkehrt nach seitenrichtiger Vorlage, so geraten
Sie meist in eine heillose Verwirrung. Ein Behelfstip für Eilige:
Betrachten Sie den seitenrichtigen Entwurf im Spiegel!
Zum Vorgang des Stechens ist zweierlei zu sagen: Üben Sie
häufig an einer Versuchsplatte, und dafür genügt eventuell Lino-

leum. Ferner ist es – im Gegensatz zum Zeichnen – nicht nur erlaubt, sondern meist unumgänglich, die Platte so zu drehen, daß der Stichel bei der Arbeit bequem und sicher in der Hand liegt, nicht etwa verrenkt oder verkrampft. Andernfalls verlieren Sie das Gefühl sowohl für die Richtung als auch für die Tiefe und damit für die Breite des ausgehobenen Spanes. Das gleiche gilt für die Handhabung des Hohleisens. Seine Berechtigung hat es nur beim Freilegen größerer Flächen, deren Ränder jedoch zuerst mit den ziemlich tief oder wiederholt angreifenden Sticheln fixiert werden. Im übrigen erlaubt Hirnholz ebenso wie Linoleum, die Werkzeuge in jeder beliebigen Richtung anzusetzen. Ein weiterer Vorteil besteht darin, grobe wie feinste Zeichnungen auszuführen – im Gegensatz zu den Schnitten, die hauptsächlich für relativ einfache, lineare Kompositionen in Betracht kommen.

Das Drucken kann ohne weiteres mit der Hand geschehen. Zunächst brauchen Sie eine Gummiwalze mit Handgriff, die etwas schmaler sein sollte als der Druckstock. Sie nimmt die Druckerschwärze oder -farbe von einer Glas- oder Kunststoffplatte auf – möglichst doppelt so breit und lang wie die Walze. Die Schwärze wird in mehreren Klecksen aufgesetzt und gleichmäßig dünn ausgewalzt, so daß sie glatt und ohne dicke Schlieren auf dem Gummi haftet. (Andernfalls walzt man zwischendurch den Überschuß auf Altpapier ab.) Anschließend fährt die Walze mit nur leichtem Druck kreuz und quer über den Druckstock. Fallen die ersten Probeabzüge schwach und grau aus, haben Sie es durchaus richtig gemacht, falsch jedoch, wenn die Schwärze dick, patzig und mit klecksigen Rändern auf dem Papier steht. Der Auftrag war dann zu stark, und Sie müssen den Druckstock sogleich tadellos reinigen: erst mit weichem Toilettenpapier, anschließend mit einem benzingetränkten Bausch, und lassen trocknen. Ebenso verfahren Sie unmittelbar nach Beendigung der Druckarbeit.

Sie gelingt am sichersten, wenn Sie den Stock so befestigen, daß er nicht umherrutschen kann. Falls Sie nicht eine kleine Werkbank mit Einspannvorrichtung haben, leimen Sie den Stock auf eine Spanplatte mit so viel Überstand, daß sie sich mit zwei kleinen Schraubzwingen an der Tischplatte anklammern läßt.

Für Handabzüge eignen sich am besten dünne, glatte, schwach geleimte »Japan«-Papiere, übrigens meist europäischer Herkunft. Sie müssen ausprobieren, welche der in den Fachgeschäften angebotenen Sorten Ihnen am besten zusagt. Zuweilen ist es angebracht, die Papiere leicht anzufeuchten und gestapelt so

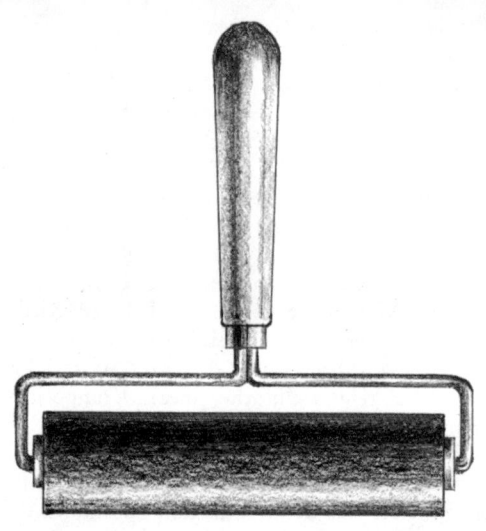

Gummiwalze zum Einfärben des Druckstockes.

lange liegen zu lassen, bis sie sich nur noch »klamm« und nicht etwa naß anfühlen. Wenn Sie irgend Gelegenheit haben, bitten Sie hin und wieder einen Fachmann der »Schwarzen Kunst«, Ihnen behilflich zu sein. Das gilt nicht zuletzt für das Drucken selbst.

Im Prinzip geht das folgendermaßen vor sich: Sie nehmen ein Blatt, das ringsherum mindestens einen Zentimeter größer ist als der Druckstock, legen es mit beiden Händen kantenparallel auf den Stock und senken den Ballen oder die geschlossenen Fingerkuppen Ihrer linken Hand auf das Blatt. Die Rechte ergreift nun ein Falzbein und streicht mit nicht zu schwachem Druck strahlig zu den Rändern, wobei die pressende, haltende Hand mehrmals versetzt wird. Dann ziehen Sie, von einer Seite her anhebend, das Blatt gleichmäßig ab – es darf sich dabei nicht verschieben!

Vor jedem Druck wird aufs neue überwalzt. Zeigen die Blätter schwache Stellen, dann haben Sie meist das Falzbein ungleichmäßig angedrückt, gibt's Kleckse oder unklare Konturen, muß der Stock gesäubert werden. Das Ganze ist Übungs- und Erfahrungssache. Die Drucke lassen Sie am besten eine Nacht lang offen liegen, damit das Öl der Schwärze Zeit hat, durch Sauerstoffaufnahme unverwischbar zu oxydieren. Beim Übereinander-

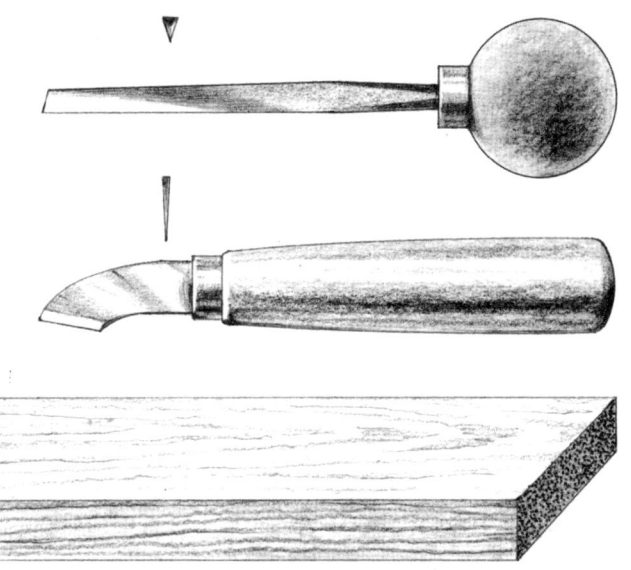

Brett als Druckstock, allgemeine Schnittrichtung nach rechts. Darüber: Schnittmesser, es liegt wie ein fest und kurz gefaßter Stift in der Hand. Oben: Geißfuß, die Griffkugel liegt in der hohlen Hand, der gestreckte Zeigefinger übt von oben den notwendigen Druck aus.

stapeln legen Sie sicherheitshalber auf jeden Druck ein dünnes Schreibmaschinen-Durchschlagpapier.

Im übrigen ist bei allen Druckarbeiten absolute Sauberkeit oberstes Gebot, sonst besteht Ihre »Schwarze Kunst« hauptsächlich aus Fingerabdrücken.

Technisch etwas schwieriger und im Ausdruck weniger differenzierbar ist der Linolschnitt. Am besten eignet sich mindestens 5 mm dickes und nicht zu weiches Linoleum. Zeigt die Oberfläche keine wesentlich dunklere Färbung als die Masse, reiben Sie mit einem Wattebausch etwas Schwärze sehr dünn auf und lassen wischfest auftrocknen, ehe Sie die Entwurfskonturen aufpausen – oder direkt mit weißer Kreidemine vorzeichnen.

Zum Schneiden verwenden Sie am besten Spezialmesser (mit einem Taschen- oder Küchenmesser geht's auch, nur mühsamer). Sie werden entlang den Konturen der stehenbleibenden Linien und Flächen so geführt, daß mehr oder weniger steile Außenböschungen entstehen. Der entsprechende Schnitt in Gegenrichtung bewirkt dann, daß sich – je nach Schrägführung – schmale oder breite Späne ablösen. Dazu sind also jedesmal zwei Arbeitsgänge nötig, wogegen der Stichel das in einem besorgt und im Prinzip auch einfacher zu handhaben ist. Eine geschickte Messerführung erfordert dagegen wesentlich mehr Übung. Zum Aus-

Lotti Jaxtheimer.
Alte Gasse in Boppard, Linolschnitt. In der einfachen Arbeit
(17jährige Schülerin) bilden die Licht- und Schattenpartien trotz
der Detaillierung geschlossene Flächen.

heben größerer Flächen benutzen Sie das Hohleisen wie beim Stich. Für feinste Linien und besonders bei dichten Schraffuren erweist der »Geißfuß« beste Dienste, freilich auch erst nach gehöriger Übung: Es kommt darauf an, ihn mit der Winkelspitze genau lotrecht und gleichbleibend tief einzusetzen, andernfalls entstehen ungleich breite Linien.

Nach wie vor ist es Übungs- oder Gewohnheitssache, ob Sie das Linoleum nur lose auf eine Spanplatte auflegen oder zum Anklammern aufkleben, denn wieder muß man den Stock häufig drehen, um handgerecht schneiden zu können. Bei kleineren Formaten empfiehlt sich als Unterlage auch ein etwa 5 cm dicker Holzklotz, der nur wenig größer als das Linoleum zu sein braucht und sicherer mit der Hand zu halten ist als die relativ dünne Spanplatte.

In Fach- und Schulbedarfsgeschäften werden meist Linolschnittmesser zum Einsetzen in eine Art Federhaltergriff angeboten – Blech in jeder Hinsicht, alsbald verbogen und dann ein einziges Ärgernis. Dagegen reicht ein einziges erstklassiges Messer unter Umständen für Hunderte von tadellosen Schnitten aus. Natürlich muß es stets scharf geschliffen sein, und dazu genügt schon ein ganz einfaches Gerät, wie es zum Nachschleifen von Tisch- und Küchenmessern angeboten wird. Das fachgerechte Nachschleifen von Geißfuß und Hohleisen, desgleichen von Sticheln, überlassen Sie besser einem Fachmann (Holzschnitzer oder Werkzeugmacher) oder lernen es von ihm. Mit stumpfen Instrumenten kann niemand etwas Ordentliches zuwege bringen.

Der Technik und Wirkung des Linolschnittes sehr ähnlich ist die des einfachen Holzschnittes, jedoch verursacht der Faserverlauf des Holzes einige Schwierigkeiten, denn grundsätzlich wird Langholz verwendet, also ein glatt gehobelter Brettabschnitt. Einwandfreie Schnitte gelingen nur, wenn Sie die Instrumente parallel oder pfeilartig zur Wuchsrichtung ansetzen. Andernfalls reißen Sie Splitter aus dem Brett und alles ist unrettbar verdorben. Sehen Sie sich die erläuternden Zeichnungen genau an! Die Wuchsrichtung, insbesondere die manchmal vertikal zur Druckfläche verlaufende, erkennt der Anfänger meist erst, wenn das Unglück geschehen ist. Man muß sich förmlich in die Eigenwilligkeiten des Holzes hineinversetzen, dann fügt es sich in fast anmutig zu nennender Weise. Dies alles macht sich weniger bei harten, dichten Hölzern wie Nuß-, Birn- oder Buchsbaum bemerkbar als bei weichen mit grober Maserung (Kiefer, Lärche). Sie eignen sich jedoch hervorragend für Kompositionen mit großzügig-klaren Flächen, wobei in den schwarzen Silhouetten

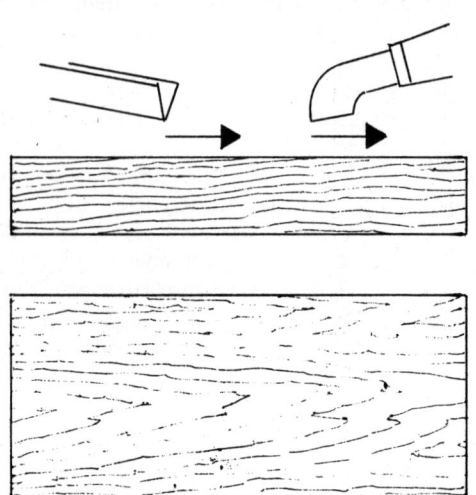

Brett als Druckstock. Oben: Kantenansicht, die Maserung steigt nach rechts an. Unten: Draufsicht, die Maserungsspitzen weisen nach rechts, in dieser Richtung muß der Geißfuß angesetzt und das Messer geführt werden.

sparsame weiße »Zeichnungen« aus dünnen Linien besonders eindrucksvolle Wirkungen ergeben können.

Auf dieser Basis gelangen Sie auch zu zweifarbigen, unter Umständen sogar zu mehrfarbigen Drucken. Am einfachsten ist folgendes, dem Holzschnitt besonders angemessenes Verfahren: Sie nehmen ein glatt gehobeltes Kiefern- oder Lärchenbrett von gleicher Größe wie die großzügige Flächenkomposition und bestreichen es mit Wasser (beiderseits, damit es sich nicht sogleich wirft). Nach dem Trocknen tritt die Maserung plastisch hervor und fungiert ohne weiteres Zutun als sehr flach ausgehobener Druckstock.

Womöglich noch plastischer wird er durch Überschleifen mit feinster Stahlwolle oder Glaspapier, das Sie beim Hin- und Herreiben in Faserrichtung nur mit den Fingerspitzen andrükken. Überwalzen Sie diesen Stock dünn und behutsam mit Farbe, zeigt der Abzug die Holzmaserung unter Umständen subtiler als in natura – es hängt vom Grad der Vorbehandlung und dem Fingerspitzengefühl beim Einwalzen und Abziehen ab. Anschließend drucken Sie den Holzschnitt darüber, gegebenenfalls auch einen passenden Holzstich oder Linolschnitt.

Wollen Sie das Leere innerhalb und außerhalb der Schwarz-
flächen mehrfarbig vordrucken, so brauchen Sie für jede Farbe
ein eigenes glattes oder Maserbrett mit entsprechenden Ausspa-
rungen. Zumindest für den Anfang empfiehlt es sich dann, rings-

Emil Nolde (1867–1956).
Prophet. Holzschnitt, 32 x 23 cm. Der Schnitt wirkt, als sei er von
selbst aus dem groben Holzbrett gesplittert ...

herum einen paßgenau übereinander zu druckenden »Rahmen« stehen zu lassen, also auch auf der Schwarzplatte, damit Sie genau anlegen können. Bei allen zwei- und mehrfarbigen Drukken wird der dunkelste Ton, in jedem Fall also der die eigentliche Zeichnung enthaltende Stock, zuletzt abgezogen.

Es ist nicht nur eine Frage der Übung und des Zeitaufwandes, sondern auch des Geschmacks, ob es Sinn hat, mit mehr als zwei Farben zu operieren. Meist ist es wesentlich einfacher, den Schwarzdruck zu »kolorieren«, das heißt, man legt die zu tönenden Flächen mit dem Aquarellpinsel verschiedenfarbig an. Kommt nichts Rechtes dabei heraus, haben Sie immer noch die Möglichkeit, durch Umdrucken oder Umpausen entsprechende Farbstöcke herzustellen, auch mit Maserungen in verschiedenen Richtungen. Es entsteht dann eine Wirkung, die an Holzintarsien erinnert. Jedoch kann das in eine Spielerei ausarten, bei der lediglich die Technik frappiert, die »Kunst« aber zu kurz kommt.

Geht es lediglich um dekorativ-reizvolle Wirkungen, möchte ich ein Verfahren empfehlen, mit dem relativ rasch eine größere Anzahl von Drucken in mehreren Farben herzustellen ist. Erstmals habe ich es zu meiner Schulzeit praktiziert, um mit individuellen Festtags- und Einladungskarten zu glänzen. Ich beschaffte mir eine »Hektographenpresse« (etwas Ähnliches kann jeder Schlosser aus Schrottmaterial herstellen), legte den eingewalzten Stock darunter, ein klammfeuchtes Büttenblatt darauf, einen glatten, dicken Wollfilz darüber. Dann wurde mit der Spindel die pressende Platte fest angezogen – und erledigt war ein Druckgang. Jeder dauert mit allem Drum und Dran etwa zwei Minuten. Ist der Stock absolut eben, gelingen auf diese Art Abzüge unter Umständen einwandfreier als »Reibedrucke«, und wenn Sie sich auf Druckgrafik spezialisieren, lohnen sich Versuche dieser Art unbedingt.

Handwerkliches

Zum Zeichnen gehört – wie zu jeder bildkünstlerischen Betätigung – nicht nur eine umfassende Materialkenntnis, sondern auch die Beherrschung einer Reihe von handwerklichen Vorgängen, die mit hoher Kunst nichts zu tun haben. Sie setzen neben dem »gewußt wie« vor allem sorgfältiges und genaues Arbeiten voraus. Wenn Sie sich außerdem mit Geduld wappnen, gelingt Ihnen sicherlich schon auf Anhieb all das, was im folgenden beschrieben wird, und mit wachsender Übung geht es dann auch immer rascher und leichter von der Hand.

Vergrößern und Verkleinern

Diese beiden Aufgaben bewältigen Sie am sichersten mit Hilfe des Quadratnetzverfahrens. Man braucht dazu wenigstens einen Zeichenwinkel und ein größeres Lineal mit Millimeter-Skala, beides am besten aus Plexiglas. Eine Reißschiene bringt weitere Vorteile, besonders in Verbindung mit einem Reißbrett oder einer guten Tischstaffelei. Ideal wäre natürlich eine Zeichenmaschine, die das eben aufgezählte Instrumentarium überflüssig macht, sich aber nur lohnt, wenn Sie häufige Verwendung dafür haben.

Für große Formate auf der Wand brauchen Sie eine entsprechend lange »Richtlatte« und eine Wasserwaage. Die Richtlatte ist nichts weiter als eine Vierkantleiste, die Ihnen eine Tischlerei aus Ahorn- oder bestem Kiefernholz anfertigt. Sie darf sich nicht verziehen! Ob sie allseitig linealgerade ist, prüft man durch visieren, als handle es sich um den Lauf einer Flinte. Maurer und Anstreicher verwenden anstelle der Richtlatte zuweilen eine dünne, glatte »Schlagschnur«. Sie wird mit Kohlepulver eingerieben, nach der Wasserwaage straff auf die Wand gehalten und dann wie eine Violinsaite angezupft. Als Ergebnis sehen Sie einen feinen »schnurgeraden« Kohlestrich, wie er mit Richtlatte und Stift kaum so genau und rasch zu erzielen ist. Allerdings braucht man dabei einen Helfer.

Das Quadratnetzverfahren geht folgendermaßen vor sich: Zunächst wird das Original mit Längs- und Querlinien in genaue Quadrate aufgeteilt. Wenn sich – wie meist – an ein oder zwei Seiten des Blattes Restreihen mit schmalen Rechtecken ergeben, so spielt das keine Rolle. Danach überzieht man das neue Format mit der gleichen Anzahl von Quadraten, die natürlich entsprechend größere beziehungsweise kleinere Seitenlängen haben. Anschließend werden die Konturen des Originals Quadrat für Quadrat nach Augenmaß auf das neue Format übertragen. Je dichter das Quadratnetz angelegt wurde, um so genauer gelingt die Übertragung. Wie weitmaschig Sie es wählen, hängt sowohl von der Feinheit der Zeichnung ab, als auch von der Sicherheit Ihres Augenmaßes. Anfangs werden Sie also lieber ein zu enges als zu weites Netz anlegen. Außerdem noch etwas: Wenn Sie ganz mechanisch, ja geradezu stumpfsinnig jedes Quadrat nachzeichnen, gelangen Sie am sichersten und schnellsten zum Ziel. Bemühen Sie sich jedoch schon beim Übertragen um Korrekturen, geraten Sie bald »ins Schwimmen«, das heißt, die Konturen in den einzelnen Quadraten fügen sich von mal zu mal immer weniger paßgenau aneinander. Änderungen nimmt man erst vor, wenn das mechanische Nachzeichnen beendet ist.

Um eine Zeichnung auf ein größeres Format zu bringen, bestimmen Sie zunächst das lineare Vergrößerungsverhältnis. Das heißt, Sie messen Breite und Höhe des Originals, multiplizieren beide Maße mit der gleichen Zahl und erhalten die neue Breite und Höhe. Sagt Ihnen das Format nicht zu, dann versuchen Sie es mit anderen Koeffizienten so lange, bis Sie zufrieden sind. Wie Sie sehen werden, bewährt sich dieses rechnerische Verfahren nur, wenn Sie einen gewissen Spielraum bei der Wahl des Formats haben und mit ganzen Zahlen oder allenfalls mit unechten Brüchen operieren, die eine 2 als Nenner haben. Dann ist der Quadratnetzaufriß immer recht einfach. Dazu folgendes Beispiel:

Eine Zeichnung vom Format DIN A 4 (21,0 × 29,7 cm – es empfiehlt sich, hier in Zentimetern zu rechnen, weil man sich solche Maße optisch viel besser vorstellen kann als Millimeterangaben) soll linear 3fach vergrößert werden (der Flächeninhalt wächst dabei auf das 9fache). Die neue Breite beträgt dann 21,0 × 3 = 63,0, die Höhe 29,7 × 3 = 89,1 cm.

Nun die Quadrate: Angenommen, man kommt beim Original

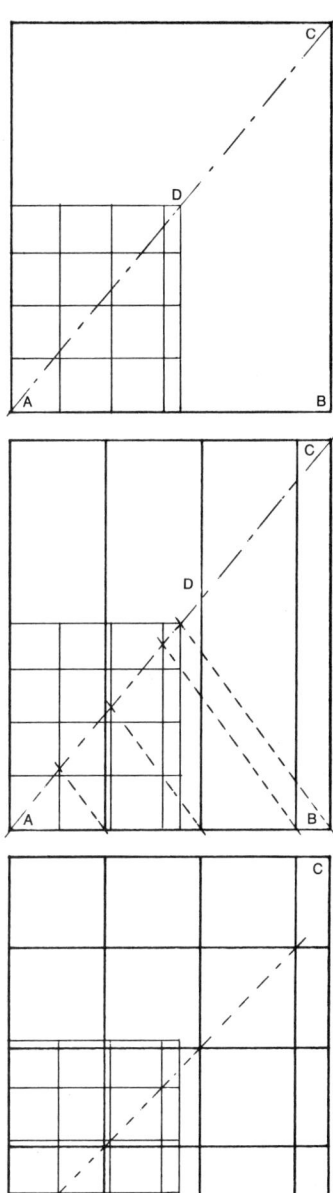

Vergrößerung nur mit Lineal und Winkel. Oben: das vorgegebene Maß für die Vergrößerung ist die Länge der Grundlinie A–B, die entsprechende Höhe (B–C) wird mittels der verlängerten Diagonalen A–D gefunden. Mitte: die Ansätze der neuen senkrechten Karolinien ergeben sich aus Parallelen zur Verbindungslinie D–B. Unten: die Schnittpunkte für die neuen waagerechten Karolinien findet man mit Hilfe der von A ausgehenden 45-Grad-Linie.

mit 4 cm Seitenlänge aus, dann beträgt sie bei der Vergrößerung 12 cm. Beim Einzeichnen gehen 5 Quadrate auf die
Breite, 7 auf die Höhe. Es bleiben jedoch rechts und oben Reste,
beim Original 1,0 und 1,7 cm, beim neuen Format jeweils das
Dreifache. Die entstehenden Restrechtecke sind bei der Zeich-
nungsübertragung ebenso dienlich wie Quadrate, wie man gegebenenfalls überhaupt anstelle des Quadratnetzes eines aus gleichen Rechtecken benutzen könnte. Erfahrungsgemäß orientiert
sich jedoch das Augenmaß an einer »richtungslosen« Figur, wie
sie das Quadrat darstellt, am zuverlässigsten.

Oft kommt es vor, daß nicht ein frei gewähltes, sondern ein
vorgegebenes Vergrößerungsmaß erreicht werden muß. Soll zum
Beispiel die DIN-A 4-Zeichnung auf 50,0 Breite gebracht werden, dann beträgt der Vergrößerungskoeffizient 50,0 : 21,0 =

2,380. Aus diesem umständlichen Zahlenwert ersehen Sie bereits, wie langwierig und ungenau ein weiteres Rechnen und Messen würde. Das ist auch unnötig, denn mit einem geometrischen Verfahren gelangen Sie in solchen Fällen wesentlich schneller und exakter ans Ziel – genaueste Hantierung mit Lineal und Winkel vorausgesetzt!

Das Verfahrensprinzip beruht auf zwei Tatsachen: Erstens lassen sich Rechtecke mit Hilfe einer Diagonale vollkommen proportionsgerecht in beliebigem Maß vergrößern wie verkleinern. Zweitens werden zwei Seiten eines Dreiecks durch Parallelen zur dritten Seite proportionsgerecht geteilt. Wie Sie nun vorzugehen haben, zeigen Ihnen die einzelnen Phasen der Zeichnungen auf Seite 182. Aus diesen geht zugleich hervor, daß Sie bei Verkleinerungen lediglich den umgekehrten Weg nehmen müssen, und das gilt sinngemäß auch für das rechnerische Verfahren.

Größte Schwierigkeiten hätten Sie, wenn Sie die DIN-A 4-Zeichnung unmittelbar auf ein sehr großes Format bringen wollten, zum Beispiel, wenn danach ein umfangreiches Wandbild entstehen soll. Der monumentalen Wirkung sind derartige Vergrößerungen meist nur dienlich, jedoch empfiehlt sich dann die Anfertigung einer Zwischenstufe, an der Sie auch besser erkennen, ob vor allem die Figurenproportionen noch stimmen. Geringfügige, im kleinen Format gar nicht auffallende Verzeichnungen können mit zunehmender Vergrößerung zur Groteske werden. Außerdem wird man die Zwischenstufe gleich so konzipieren, daß hernach alle Maße nur noch mit ganzen Zahlen zu multiplizieren sind, also mit 2, 3 oder 4. Denn auf der Wand oder einem »Karton« in endgültiger Größe lassen sich geometrische Konstruktionen kaum exakt ausführen. Man mißt dann lieber so genau wie möglich mit einem langen Zollstock und quadriert mit Hilfe der Wasserwaage sowie der Richtlatte oder der Schlagschnur.

Das unbequeme DIN-A 4-Format habe ich als Beispiel gewählt, um zu zeigen, wie schwierige Abmessungen beim Vergrößern gehandhabt werden. Meist kann es sich der Zeichner und Maler von vornherein einfacher machen, indem er kleine Entwürfe gleich in Kantenlängen von glatt teilbaren Maßen spannt – oder nachträglich ein wenig zugibt oder wegnimmt, um auf solche Maße zu kommen. Die Praxis beweist, daß insbesondere ein Wegnehmen die Komposition eher strafft als beeinträchtigt.

Oft möchte man Skizzen und kleine Entwürfe nicht durch bleibende Quadratnetzlinien verunstalten. In diesem Fall werden sie auf einem über das Original gehefteten Transparentblatt angerissen. Die Linien stören zuweilen auch auf dem endgültigen Bildgrund. Sie müssen dann entweder mit einem Material aufgetragen werden, das mit dem Radiergummi oder mit Brotkrume leicht entfernbar bleibt, oder man überträgt die Darstellung in endgültiger Größe zunächst auf quadriertes Papier und paust anschließend lediglich die Konturen dieser sorgsam auf dem Bildgrund ausgerichteten Zwischenzeichnung durch.

Zum Schluß noch ein wichtiger Rat: Beim Markieren der Netzlinienansatzpunkte fügen Sie niemals Teilstrecke für Teilstrecke aneinander! Legen Sie das Meßlineal oder den Zollstock durchgehend an und addieren Sie die Teilstreckenmaße. Auf diese Weise gleichen sich kleine, im einzelnen belanglose Anzeichnungsungenauigkeiten aus. Andernfalls addieren sich geringfügige Fehler und die ganze Zeichnung wird bei der Übertragung mehr oder weniger verzerrt.

Pausverfahren

Die einfachste Art, eine Zeichnung in Originalgröße auf einen anderen Untergrund zu übertragen, ist folgende: Die Rückseite des Originalblattes wird mit einem ungebundenen Pigment eingefärbt. Dann heftet man die Blattoberkante mit Klebestreifen solide und sorgsam ausgerichtet auf den Untergrund. Die Unterkante des Blattes ist ebenfalls anzuheften, jedoch nur so, daß es sich nicht verschieben kann und die Klebstreifen leicht ablösbar bleiben, um zu kontrollieren, ob der Pausvorgang gelingt.

Das Einfärben geschieht mit weicher Graphitmine, Pastellkreide oder irgendeinem anderen weichen Stift. Er wird breit aufgesetzt und der Auftrag mit einem Wattebausch gleichmäßig verrieben. Die Wahl des Materials hängt davon ab, womit Sie weiterarbeiten wollen. Erfolgt es ebenfalls mit einem weichen Stift, dann nehmen Sie zum Einfärben selbstverständlich die gleiche Art. Bei Ausführungen in Aquarell, Tusche, mit dem Kugel- oder Filzschreiber bleibt es im Prinzip gleich, womit Sie einfärben, denn die Pauslinien werden während oder nach Abschluß der Arbeit gelöscht, am schonendsten mit Brotkrume. Graphit ist in solchen Fällen ungeeignet, denn er läßt sich nur mit weichem Radiergummi entfernen, wobei man immer riskiert, den Zeichengrund mehr oder weniger zu verschmieren.

Zum Pausen nehmen Sie einen Griffel (eine Häkelnadel mit Handgriff oder einen leeren Kugelschreiber) und fahren mit leichtem Druck alle notwendigen Konturen nach. Von Zeit zu

Zeit prüfen Sie, wie gesagt, ob Einfärbung und Griffeldruck ausreichen, um alle Linien deutlich genug auf dem Untergrund erscheinen zu lassen. Scheint ein stellenweises Nachfärben angebracht, klappen Sie das Original lediglich nach oben zurück und reiben nochmals Pigment auf. Wird es notwendig, das Original ganz abzunehmen, dann bringen Sie zunächst Paßmarken an (vorsichtshalber sollte man das immer tun). Es genügt, ringsherum über die Blattkanten hinweg bis auf den Untergrund reichende, kurze Querstriche anzuzeichnen, die bei erneutem Auflegen des Blattes wieder exakt zusammengefügt werden. Ohne diese Marken gelingt es niemals, bereits durchgedrückte Linien mit den nachfolgenden haargenau übereinzubringen.

Dieses ganze Verfahren setzt voraus, daß das Originalblatt dünn genug ist, um dem Griffeldruck nachzugeben. Außerdem muß in Kauf genommen werden, daß die Griffelspuren auf der Oberseite und die rückwärtige Einfärbung kaum mehr zu beseitigen sind. Ferner geht beim Pausen mit farblosen Griffeln manchmal die Übersicht verloren, welche Linien bereits durchgedrückt sind und welche noch nicht. Es ist dann sehr ärgerlich, wenn sich zum Schluß herausstellt, daß wichtige Details fehlen. Wurden zudem die Paßmarken vergessen, ist jegliches pausende Nacharbeiten aussichtslos. Praktischer wäre es also, einen färbenden Kugelschreiber zu benutzen, doch wird damit das Original zumindest in ästhetischer Hinsicht verdorben.

Dies alles können Sie vermeiden, wenn Sie vom Original zunächst eine Nachzeichnung auf ein darübergelegtes Transparentblatt anfertigen und dieses durchpausen. Da es durch die rückwärtige Einfärbung seine Tranzparenz einbüßt, bringen Sie auch diesmal für eventuell notwendiges Nachbessern Paßmarken an. Mit solcher Methode haben Sie freilich nahezu doppelte Arbeit, auch wächst bei zweimaligem Nachzeichnen der Ungenauigkeitsgrad. Sie müssen dann frei korrigieren, und auf dieser Voraussetzung basieren auch die bereits geschilderten Pausverfahren, die insbesondere weniger geübten Zeichnern vielseitigste Möglichkeiten zur Weiterentwicklung bieten. Bei umfangreichen Formaten, vor allem bei der Übertragung originalgroßer Entwürfe auf die Wand, wäre Durchdrück-Pausen ein Unding. Nach altem Brauch werden die Konturen perforiert und mittels eines Mullbeutels Pigmentstäubchen durch die Poren geklopft.

Zum Perforieren benutzt man ein Zahnrad mit Griff, wie es auch beim Zuschneiden nach Schnittmusterbogen gebräuchlich ist. Kompliziertere Feinheiten werden mit der Nadel nachgestochen. Bei diesen Verrichtungen leistet eine Dämmplatte als

Unterlage beste Dienste. Als Pigment fungiert seit eh und je zerstoßene Zeichenkohle. Sie wird auf ein Stück Mull geschüttet, das man zu einem faustgroßen Beutel zusammenschnürt. Beim leichten Aufschlagen auf die perforierten Linien dringen die Kohlepartikel sowohl durch den Mull als auch durch die Poren des Entwurfs.

Sehr wichtig ist es, diesen »Karton« aus festem Rollenzeichenpapier mittels einer quer durchlaufenden Holzleiste solide an der Wand zu befestigen. Der Karton wird zunächst mit einem guten Alleskleber an die Leistenrückseite geleimt, und zwar genau entlang der obersten waagerechten Netzlinie. Zahlreiche Reißnägel sichern die Verleimung. Dann richtet man die Leiste mittels der Wasserwaage sorgfältig an der Wand aus und kontrolliert zugleich, ob die Senkrechten im Lot sind (falls die Leiste nicht haargenau an der Waagerechten anliegt). Danach erst wird die Leiste mit Stahlnägeln, eventuell sogar mit Dübeln, angeschlagen. Wenn Sie hierbei nicht mit aller Sorgfalt vorgehen – vielleicht mit freundlicher Hilfe eines Fachmannes in solchen Arbeiten – und der Karton womöglich schief hängt oder sich durch unbemerktes Einreißen verschiebt, ist die Katastrophe da: Stundenlang müssen Sie sich damit abquälen, die Leiste abzunehmen, den Karton neu zu befestigen und die aus dem Lot geratenen Pauskonturen von der Wand zu entfernen, ehe Sie abermals montieren und von neuem beginnen können.

Beim Pausen hängt der Karton lose herunter, es genügt, ihn mit der freien Hand in Nähe der jeweiligen Klopfstelle anzudrükken. So können Sie ihn von Zeit zu Zeit hochrollen, um nachzusehen, ob alles nach Wunsch gerät. Lassen Sie es beim Perforieren möglichst bei den wichtigsten Linien bewenden. Da sie in Punkte aufgelöst an der Wand erscheinen, könnten Feinheiten leicht verwirren, wenn Sie die Linien alsbald mit Stift oder Pinsel nachziehen. Man muß also manches nachtragen, und dabei ist es praktisch, nach im großen und ganzen gelungener Übertragung den Karton längs der Quadratnetzlinien in genau rechtwinklige Stücke zu schneiden, um diese zum Nacharbeiten – nach der Wasserwaage ausgerichtet – provisorisch neben das zu vervollständigende Detail zu heften.

Bei der Konzeption solch umfangreicher Arbeiten gehen Sie am besten von den endgültigen Maßen aus und legen danach ein verkleinertes Format für den ersten Entwurf fest. Berücksichtigen Sie dabei vor allem eine bequem abzumessende Quadrateinteilung, die sich hernach durch Multiplizieren mit einer ganzen Zahl wieder auf die endgültige Größe bringen läßt.

Aufbewahrung und Pflege von Arbeiten auf Papier

Eine Skizze, die, aus dem Block gerissen, achtlos herumliegt, vielleicht halb verwischt, womöglich mit Wasser- und Schmutzspuren – eine solche Arbeit also wird kaum jemand beachten, nicht einmal der, aus dessen Hand sie stammt. Heften Sie ein derartiges Blatt jedoch in ein blütenweißes, sorgsam vorbereitetes Passepartout (vom französischen passepartout – passe überall), so wird aus dem Armseligen, Mißachteten plötzlich eine erstaunliche Kostbarkeit. Das kann so weit gehen, daß sogar eine wirkliche stümperhafte Zeichnung einem noch etwas sagt, zumindest würdigt der Betrachter das Bemühen.

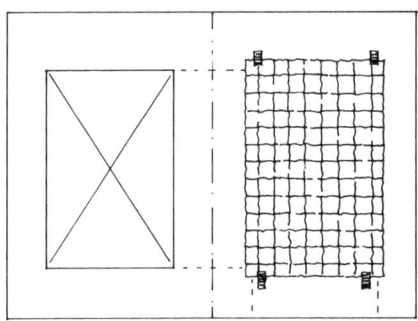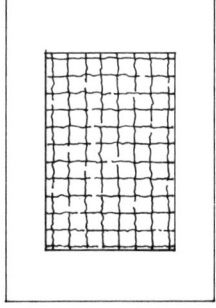

Anfertigung eines Passepartouts. Links: der Doppelbogen von innen, das angekreuzte Fenster wird etwas kleiner ausgeschnitten als das auf der rechten Bogenhälfte angeheftete Bild (karierte Fläche), dann falzt man den Bogen in der Mitte (strichpunktierte Linie) und klappt ihn zusammen. Rechts: die fertige Passepartout-Mappe.

Das Passepartout ist ein Kartonrahmen, der jedesmal passend zum Zeichnungsformat ausgeschnitten wird. Zunächst deckt man das zu rahmende Blatt ringsherum rechtwinklig mit breiten Papierstreifen ab, um die Ausschnittmaße zu finden und gegebenenfalls die Komposition zu straffen. Bequemer als die Streifen fungieren ein für allemal zwei große Winkel aus weißem Karton. Die Maße werden auf die Innenseite des Passepartout-Kartons übertragen. Wie die Abbildungen zeigen, nehmen Sie am besten einen doppelt großen Bogen, der nach dem Anzeichnen und Ausschneiden der Rahmenöffnung zu einer einfachen Mappe gefaltet wird. Die Schnitte sollten stets mit einem am Stahllineal entlang gleitenden Bastlermesser ausgeführt werden, was ein wenig Übung voraussetzt. Mit der Schere gelingen sie niemals absolut gerade.

Auf der rückwärtigen Mappenhälfte richtet man die Zeichnung nach dem Rahmen sorgfältig aus und heftet sie so behutsam wie möglich mit Klebstreifen an den vier Ecken an. Niemals sollten Sie eine Zeichnung aufkleben: Erstens könnte der Leim durchschlagen und vergilben, zweitens läßt sich ein aufgeklebtes Blatt nur schwer wieder einwandfrei ablösen, zum Beispiel, wenn das Passepartout unansehnlich wurde. Schließlich sollte die Zeichnungsoberfläche durch eine lose eingelegte Klarsichtfolie geschützt werden, die man zur Betrachtung herausnimmt.

Sehr zu empfehlen ist es, die Passepartouts wenigstens gruppenweise im gleichen äußeren Format zu halten. Eine Sammlung macht so den besten Eindruck und läßt sich auch bequemer ordnen. Die Rahmenbreiten der Passepartouts können selbstverständlich beliebig sein; je breiter, desto dekorativer wirken sie. Zum Ausschnitt noch zwei wichtige Regeln: Die seitlichen Rahmenstreifen und (meist!) auch der obere sollen gleich breit sein, der untere stets breiter als alle übrigen. Ferner soll die Zeichnung immer so angeordnet werden, daß in Blick- oder Bewegungsrichtung mehr Raum ist als auf der entgegengesetzten Seite – falls das nicht schon bei der Komposition genügend berücksichtigt wurde.

Bei der Aufbewahrung in Sammelmappen oder im Planschrank seien Sie darauf bedacht, daß der Raum nicht ständig überheizt und allzu trocken ist. Papier wird dann mit der Zeit mürbe und brüchig. Noch schlimmer freilich wäre andauernde Feuchtigkeit. Durch Schimmel entstehen alsbald die berüchtigten, kaum mehr zu entfernenden »Stockflecke«. Ferner dürfen Sie Papiere niemals rollen! Spätestens beim Entrollen entstehen Knicke, die nicht mehr zu beseitigen sind.

Die eventuell einmal notwendige Reinigung einer Zeichnung ist kein Problem, sofern diese gleich nach der Entstehung ausreichend fixiert worden war. Andernfalls ist meist nicht viel zu machen: Reinigt man nur die unberührten Papierstellen, so ergibt sich eine fleckige Wirkung, die unerfreulicher anzusehen ist als eine leichte, durchgehende Verschmutzung. Zur Reinigung nehmen Sie nichts anderes als frisches, fettfreies Brot. Kostbare Blätter aus Meisterhand überlassen Sie unter allen Umständen einem versierten, von staatlichen Instituten oder Museen empfohlenen Restaurator.

Register

humboldt-taschenbücher (in Klammern die Bandnummer)